MEDITACIÓN ZEN

Dirección de la colección Helios:
FRANCESC VILADOT

Lluís Nansen Salas

MEDITACIÓN ZEN

El arte de simplemente ser

Primera edición: junio de 2017

Tuset, 13 – 08006 Barcelona
Tel. 93 453 55 00
invisibles@edicionesinvisibles.com
www.edicionesinvisibles.com
ISBN: 978-84-947070-1-8
Depósito legal: B 14942-2017
Proyecto gráfico: Andy Noguerón
Fotografías del interior: Martín Franchi
Fotocomposición: Alfa
Impresión y encuadernación: Romanyà Valls

Índice

Quiero dedicar este libro con el más profundo agradecimiento a todos aquellos que han contribuido de una forma u otra, empezando por Natàlia Barenys, esposa y compañera en el Dharma, sin la cual este libro no hubiera sido posible, no solo por la corrección del texto, sino por su práctica en el centro zen que dirigimos, donde estos contenidos han surgido y madurado en el día a día del contacto con los numerosos practicantes que se han acercado. Mi agradecimiento también para todos estos practicantes del Zen que han pasado por el centro durante estos últimos años, por sus preguntas, por su interés y por haber sido la causa de este libro. Mi agradecimiento a mi maestro Roland y a todos los maestros del pasado, del presente y del futuro, por habernos traído esta maravillosa enseñanza del Dharma. A los editores, fotógrafos, impresores, distribuidores y vendedores que hacen llegar los libros hasta nuestras manos. A mis padres y a todos los seres sensibles, con los que compartimos el mismo anhelo de vivir en paz y ser felices.

1. *Introducción*

La Vía del Zen

La meditación zen es una tradición ancestral. Durante siglos se ha desarrollado en India, China y Japón, pero hoy en día se practica en todo el mundo. Su origen histórico se remonta a más de 2.500 años, a las enseñanzas del buda Shakyamuni, aunque su origen podría perderse en los albores de la prehistoria, según sugirió el propio Buda.

Durante estos miles de años, millones de personas lo han practicado, millones de personas han realizado la mente despierta, que es el fruto de esta práctica. Y la razón de que hayan conseguido transmitirse de uno a uno esta enseñanza, que permite actualizar nuestra mente, es que todos ellos han seguido una Vía insuperable, con la sutileza de la no intención.

No es que la mente original no se encuentre en todas las personas, es solo que sin la práctica no se actualiza. Todas las personas disponen de la mente original, pero están casi siempre en un modo de funcionamiento ordinario de la mente y, sin darse cuenta, pasan de largo la manera de funcionar original, y la mente despierta no se manifiesta.

A lo largo de todos estos siglos, esta actualización de la manera de funcionar de la mente despierta se ha transmitido de persona a persona, sin desviación, porque su base es el *samadhi*, la concentración serena que se ilumina a sí misma. La meditación zen es la puerta para entrar en esta concentración serena autosostenida, porque la meditación zen crea las condiciones para que se produzca la dinámica entre el cuerpo y la mente, que alimenta este *samadhi*, hace surgir la sabiduría intuitiva, *prajna*, y conduce a la mente a actualizar la manera de funcionar original, la mente despierta.

Aun después de practicar durante años, y de desear que todos los demás puedan beneficiarse de esta práctica, nos pueden asaltar dudas. Vivimos en una época en que muchas personas solo se dedican a satisfacer sus ansias de consumir, apenas prestan atención a sus congéneres, solo se preocupan de sí mismas. ¿Cómo podrían interesarse por practicar la meditación zen, si desde el principio no es una tarea fácil —incluso a veces pasamos momentos difíciles—, y además sus resultados son a primera vista intangibles? Estas son dudas que nos tientan a quedarnos en nuestra cueva, meditando ocultos en la oscuridad, hasta el final de nuestros días.

Pero ¿y si al final hubiera aunque solo fuera unos pocos seres dispuestos a conocer y seguir esta auténtica Vía? Puede que ahora estén perdiendo el tiempo con quienes han convertido la espiritualidad en un bien de consumo, y tienen que conformarse con sucedáneos que solo atenúan su dolor, pero no cortan de raíz su inquietud existencial. ¿Quizás hay personas que ya se han dado cuenta de la falsedad y el engaño que les rodea, y buscan una Vía honesta y sincera, que les ayude a liberarse de sus condicionamientos, personas que están dispuestas a vivir sin miedo con todos sus demás congéneres una vida plena, consciente y compasiva?

¿Dónde irán estas personas, aunque sean pocas, si no existen centros o escuelas donde aprender? ¿Cómo podrán recibir la enseñanza de esta práctica, cara a cara, tal como se ha transmitido hasta ahora? Todas estas cuestiones, entre otras, son las que han hecho surgir el propósito de recopilar en este libro todo lo necesario para iniciarse en la práctica del Zen; no solo la manera de realizar la meditación, sino todo lo que la rodea y que, de una forma u otra, nos impulsa en la práctica.

Durante años, muchos practicantes de nuestro centro de meditación me han pedido que escribiera un primer libro para iniciarse en la práctica del Zen, tal y como se enseña hoy en día. Y esta persistente demanda ha sido lo que finalmente me ha empujado a escribirlo. Aunque es verdad que todo lo que contiene se puede aprender en un centro, a lo largo de los años de práctica, directamente de esas personas maravillosas que se dedican a enseñar y a gestionar los muchos centros de meditación que hay por todo el mundo, no es menos cierto que recopilarlo en un libro puede servir de base a todos los que se adentran en la meditación zen. Puede ayudar a resolver las principales dudas, y a superar los obstáculos que vayan apareciendo.

Este libro recoge la experiencia de años de enseñanza, en los que se ha introducido a la práctica a mucha gente, día a día, semana a semana, para brindarles el ánimo y la fuerza de la motivación, que nos ha llegado de los budas y los grandes maestros; ese inconmensurable deseo de despertar con todos los seres.

La transmisión de la Vía

Este es mi propósito: dar continuidad a lo que empezó en la cima de los buitres, cuando el Buda transmitió por primera vez el Dharma, dando inicio a la interminable sucesión de hombres y mujeres que han realizado el despertar de la conciencia. El Buda cogió una flor y la hizo girar entre sus dedos delante de una numerosa asamblea. Mahakashyapa sonrió, y el Buda reconoció a todos que Mahakashyapa podía también ver la verdadera naturaleza de las cosas, con la mente sutil del nirvana, el ojo del tesoro del Dharma.

Desde entonces, esta práctica se extendió por la India. Después Bodhidharma la llevó a China, donde ya habían llegado las escrituras, pero donde la Vía se estudiaba solo de una forma académica. Bodhidharma sembró de nuevo la práctica de zazen, la meditación sentada, como base fundamental de estudio. Y ello llegó hasta Eno, el sexto patriarca, que hizo eclosionar el Dharma en China, para extenderse en esa inmensa tierra durante siglos. Dogen, muchos siglos más tarde, llevaría la enseñanza a Japón. Y ya en los tiempos recientes, Taisen Deshimaru traería esta enseñanza a Europa. Desde entonces, miles de Mahakashyapas sonrientes se extienden por Occidente, y la fuerza de esta tradición despierta de nuevo.

La fuerza de esta tradición no reside ni en las escrituras ni en los rituales, sino en una transmisión que va más allá de las palabras, realizada cara a cara, de mente a mente, confirmando que la experiencia de la mente de buda, sentados con las piernas cruzadas y la espalda recta, se ha realizado a través del *samadhi*, la concentración serena, que se sostiene a sí misma, y que es la Vía hacia la iluminación de la conciencia.

La fuente inagotable de esta fuerza, a lo largo de todos estos siglos, es y ha sido siempre, la postura de meditación, zazen. Los antiguos maestros la consideran el sello de Buda, el sello del despertar. Porque es esta postura corporal la que induce una dinámica entre el cuerpo y la mente, que conduce a nuestro ser a su manera de funcionar original. La postura de zazen es como un sello que marca el Buda, el despertar, en la mente. Gracias a esta postura, millones de seres de todos los tiempos manifiestan su rostro original.

Como dice Dogen, zazen es sentarse en el trono del león. Su rugido invade todas las cosas, y así, todas las cosas comparten el cuerpo del despertar. Zazen es hacer girar la rueda del Dharma, y saltar más allá de la iluminación. Abandonar el cuerpo y la mente, hasta extinguir los pensamientos corruptos del pasado y ver la realidad tal como es.

Es la manera de extender la práctica a todos los lugares, a todos los pueblos y ciudades. La tierra, los árboles y las casas, participan todos de la práctica de Buda, y aquellos que reciben el beneficio de esta agua y este viento despiertan íntimamente a sí mismos, y esparcen la Vía del despertar por todas partes. Por eso, los que viven con vosotros, los que hablan con vosotros, reciben la influencia de este despertar dentro y fuera del universo entero, sin inicio ni fin.

Práctica y despertar

Cuando hablamos de la práctica y del despertar, no debemos caer en el error de pensar que con esta práctica conseguiremos más tarde un despertar de la conciencia. Práctica y despertar no pueden separarse. Dice Dogen que la práctica de la mente de principiante es en sí misma realización del despertar, y también otros grandes maestros, como Eno y Bodhidharma, han insistido en que práctica y despertar son inseparables.

Lo podemos entender porque el despertar es una manera de funcionar de la mente, una manera de funcionar inducida por la práctica de zazen. A la vez, esta manera de funcionar es lo que hace que la práctica sea una práctica del despertar. Cualquier otra explicación que separe práctica y despertar, es decir, que suponga que primero hay una práctica y después hay una mente despierta, implicaría creer que la mente se puede parar, quedarse en un sitio como un pájaro en una rama. Pero la mente es un proceso continuo e ininterrumpido de sensaciones, percepciones, emociones, deseos, pensamientos, conciencia, y no se puede parar, porque en el momento en que se para ya no es mente.

Es, por tanto, inherente a la naturaleza de la mente no poder pararse en nada. La mente solo puede seguir o conducirse de diferentes maneras, y la manera de conducirla al equilibrio no es desde la propia mente. La mente no puede conducirse a sí misma al equilibrio, si lo intentamos entramos en un bucle que la hace enfermar. La mente solo puede conducirse a partir de una dinámica entre el cuerpo y la mente, la mente influye en el cuerpo, el cuerpo influye en la mente, y eso hace entrar a la mente en una manera de funcionar que puede sostenerse. Ese es el principio, sostener la práctica, como el Buda sostiene la flor entre sus dedos y la hace girar. Esa es la manifestación de nuestro rostro original, la sonrisa de Mahakashyapa.

En la quietud y la inmovilidad de zazen, la mente y los fenómenos se funden en la realización. Los fenómenos se iluminan en el júbilo de una mente unificada de concentración serena. Es la práctica sublime y sutil.

Dogen dice: «Es entonces cuando podemos darnos cuenta de que la tierra, los árboles y las casas exponen esta realidad inconcebible y profunda, irradiando una gran luz, y muestran esta visión a todos los seres. Y estos corresponden a su vez manifestando esta realidad a la tierra, los árboles y las casas. Así, el despertar de uno mismo y el despertar de los demás refleja la misma marca de la realización, sin que falte nada. Y el despertar se manifiesta a sí mismo, sin cesar».

Esto significa que incluso un momento de zazen de una sola persona se corresponde imperceptiblemente con todas las cosas, y resuena completamente a través de todos los tiempos, ya sea el pasado, el presente o el futuro de este universo sin límites. Zazen expande esta enseñanza sin fin. Cada momento de zazen es pura práctica, cada momento de zazen es puro despertar.

Este despertar no se realiza solo mientras estamos sentados. Zazen es como un martillo golpeando la vacuidad. Antes y después, su exquisito sonido lo impregna todo y todas las cosas manifiestan su rostro original.

2. *Olas del ser*

Un estudiante pregunta:
¿Qué son los aullidos de dragón en un árbol seco?
El maestro responde:
El cráneo ruge como un león.

La voz está en todas partes

En los lugares donde se practica la meditación zen, es bastante habitual que la práctica vaya acompañada de algunos gestos rituales, y unos cánticos al final. Aunque al que solo busca la meditación esto pueda resultarle sobrero, lo cierto, y todos acabamos comprendiéndolo con el tiempo, es que estos elementos contribuyen a crear una atmósfera y unas condiciones para que la meditación tenga su mejor efecto. Muchas veces, estos rituales nos brindan ocasiones fortuitas para cambiar la perspectiva en nuestra manera de ver las cosas, para poder verlas como si fuera la primera vez que abrimos los ojos.

Hace muchos años, cuando empecé la práctica de la meditación en un dojo, situado en el casco antiguo de Barcelona, tuve una experiencia que desencadenó un cambio de perspectiva. Esa experiencia me permitió comprender lo que en aquel momento estaba experimentando con la práctica, a partir del concepto físico de las ondas que siempre me había fascinado.

En el dojo, al final de la meditación se cantaba el Sutra del Corazón, el *Hannya Shingyo*, un texto que contiene la esencia del budismo Mahayana. Podríamos decir que cada una de sus frases habla como un libro entero, y una de ellas me sedujo desde el principio, la que dice *Shiki soku ze ku. Ku soku ze shiki*, que significa: «Los fenómenos son vacuidad. La vacuidad son los fenómenos».

Eso quiere decir que los fenómenos son sin nóumeno, es decir, sin una sustancia propia que les haga existir por sí mismos. Nos sugiere que todo es vacuidad, vacío de sustancia, y que, a su vez, la vacuidad lo es todo. Esto podría hacernos creer, equivocadamente, que el Zen es nihilismo, que consiste en buscar la vacuidad. Pero no es así en absoluto. Ser conscientes de la vacuidad, por el contrario, nos abre a una comprensión más profunda del mundo.

Debemos matizar, para ser más precisos, que este «sin esencia», «sin noúmeno», no debe entenderse como un vacío absoluto, la nada, el conjunto vacío del álgebra, sino como algo que a su vez forma parte de todo.

Para ilustrarlo mejor, explicaré una anécdota que me pasó hace mucho tiempo:

Un día, después de una sesión de zazen de la mañana, nos pusimos a cantar el Sutra del Kesa, sentados aún con las piernas cruzadas, la espalda recta y el vientre relajado. Al oír mi propia voz, percibí que sonaba algo extraña, no parecía producida por mi garganta, parecía provenir de toda la sala, no podía distinguir si procedía del interior o del exterior. Esa voz parecía proceder de todas partes y de ningún sitio a la vez.

Estuve aún experimentando durante unos momentos. Para seguir escuchando aquellas resonancias bastaba con empujar el cielo con la coronilla y el suelo con las rodillas, para estirar la columna vertebral, dejando el abdomen relajado, y el sonido armónico volvía a producirse.

Ese sonido me cautivó completamente, parecía tener existencia propia. En aquel momento no podía decir si se trataba de una experiencia mística, pero tenía el presentimiento de que había descubierto algo sobre la naturaleza de las cosas, aunque en aquel momento no supiera cómo explicarlo.

Más tarde, tratando de explicarme qué había sucedido, pensé que muy probablemente mi voz produjo un armónico, una resonancia. De hecho, eso es algo que puede hacerse con un cierto entrenamiento, pero también puede aparecer de manera fortuita, como en este caso.

Comprender esta experiencia me hizo intuir que la vacuidad de la naturaleza de las cosas se puede entender como la naturaleza ondulatoria de las cosas, un concepto de la física contemporánea, que sugiere que, en determinadas condiciones, las cosas se comportan como si fueran ondas.

Así, *Ku*, la vacuidad, no es un vacío absoluto, sino que simplemente es sin noúmeno, sin sustancia elemental, como las ondas. Eso me sugería que podíamos entender la frase del Sutra del Corazón de esta forma: «Los fenómenos son ondas, las ondas son los fenómenos».

Las ondas

Todos tenemos una noción intuitiva de lo que es una onda, porque vemos las olas en el mar, o las ondas que hace el agua en un estanque cuando lanzamos una piedra. Quizás habremos observado, además, que si hay algún objeto flotando sobre la superficie del agua, este solo sube y baja, no se desplaza en la dirección de avance de la ola.

El desplazamiento de las olas

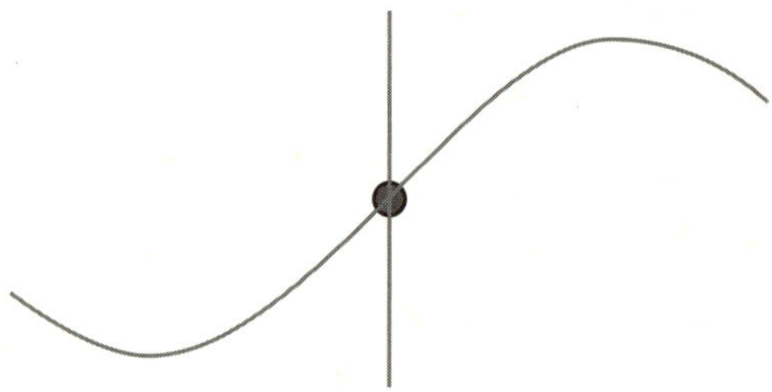

Este detalle es fundamental, porque significa que el agua no se desplaza perceptiblemente en la dirección de movimiento de la ola. Es decir, no hay agua, ni nada sustancial que se esté moviendo en dirección a la orilla.

Pero la ola se mueve y es real, podemos verla y sentirla. Podemos decir, sin duda, que la ola existe, pero también que es sin noúmeno, está vacía, es simplemente un fenómeno insustancial.

Cuando la ola avanza no hay nada material que perceptiblemente esté avanzando en su dirección. ¿Qué es, entonces, lo que se mueve? ¿Qué es lo que avanza? ¿Una oscilación? ¿Una vibración? Esto es lo que queremos decir cuando hablamos de un fenómeno sin esencia, sin noúmeno.

Pero vayamos un poco más allá con este modelo. Las ondas tienen una particularidad en su comportamiento que las distingue, y es su capacidad de combinarse y formar armónicos. ¿Y qué es un armónico?

La interferencia de las ondas

El principio de superposición de ondas establece que, cuando dos ondas de la misma frecuencia coinciden, estas se suman.

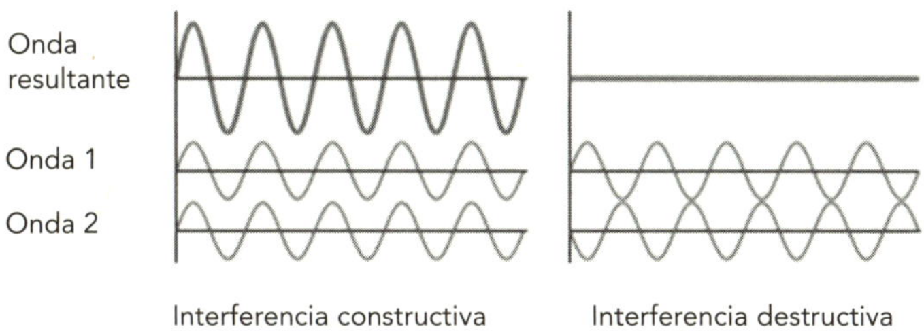

Un armónico es una superposición de ondas que interfieren entre ellas y suman sus amplitudes. El resultado de esta superposición es un sonido mucho más intenso. De hecho, los instrumentos musicales se construyen a partir de este principio.

Los trastes de un mástil de guitarra están hechos en la longitud justa para que, al presionar con los dedos, la vibración de la cuerda produzca un armónico. También los tubos de órgano tienen una longitud calculada para que las ondas de cada nota musical, al rebotar en los extremos del tubo, entren en fase y produzcan un armónico.

Volviendo a la historia que hemos contado, ahora podemos explicar mejor lo que había pasado. La voz resonaba en la cavidad interna del cuerpo como en un tubo de órgano, y ese sonido que resonaba y parecía proceder de todas las partes era la voz multiplicada por el efecto de la resonancia armónica.

Las supercuerdas

¿Qué relación tiene esto con todos los otros fenómenos del universo? ¿Qué relación hay entre esto y sostener que los fenómenos son ondas?

En el mundo de la física teórica, en el ámbito de la mecánica cuántica existe una teoría, la teoría de las supercuerdas, que precisamente pretende explicar los fenómenos del universo, a partir de unas vibraciones fundamentales.

Todos sabemos que la materia está constituida por átomos y que el tamaño de estos átomos es minúsculo en comparación con el espacio de separación entre ellos. La materia está mayormente vacía entre los átomos pero, a su vez, los átomos están formados por partículas aún más pequeñas, las cuales, también en proporción, están muy alejadas entre ellas, los protones y los electrones. Estos, a su vez, están formados por quarks.

Pues bien, según la teoría de las supercuerdas, las partículas subatómicas más básicas, como los quarks, serían estados de vibración de unas cuerdas cósmicas fundamentales, serían los armónicos de las cuerdas de una gran guitarra cósmica. Esta es una visión del mundo que siempre me ha fascinado, porque significa que cada una de las partículas subatómicas sería una nota musical, cada elemento más complejo sería el sonido de un instrumento musical y el universo entero sería una gigantesca y espeluznante sinfonía de supercuerdas.

Esta teoría de las supercuerdas coincide en que todo lo que podemos ver y medir en el universo es en realidad una vibración, vacía, sin noúmeno. *Shiki soku ze ku. Ku soku ze shiki*, los fenómenos son ondas, las ondas son los fenómenos. El hecho de que nosotros percibamos la materia como algo sólido y permanente se debe a la escala espacio temporal de nuestra percepción.

Ahora podemos entender mejor la frase *Shiki soku ze ku. Ku soku ze shiki*. Los fenómenos son *ku* —la vacuidad—, y *ku* es los fenómenos. No deja de ser sorprendente que una frase de un sutra milenario y las teorías cosmológicas de la física contemporánea parezcan llegar a la misma conclusión sobre la naturaleza del universo.

Zen y neurología. Tomio Hirai

Este modelo de ondas que utiliza la física lo podemos utilizar también para entender mejor el trabajo científico que realizó Tomio Hirai, quien investigó los usos terapéuticos de la meditación zen.[1]

Tomio Hirai realizó unos experimentos en los que comparaba las ondas electroencefalográficas, registradas durante la meditación de monjes zen, con las ondas registradas en otro grupo de personas de referencia.

Resumiendo, podemos decir que la actividad mental produce ondas eléctricas que pueden medirse. Las llamadas ondas beta

1. Tomio Hirai, *Zen Meditation Therapy*, Goma Shobo, Tokio, 1975.

son las que se miden cuando estamos en estado de vigilia, que, en la mente ordinaria, presentan alta frecuencia y baja amplitud. Se corresponden con el hecho de tener muchos pensamientos, pero dispersos, y con poca energía en cada uno de ellos.

Medición de ondas cerebrales en monjes zen

- Ondas beta
  - Actividad mental con ojos abiertos
- Ondas alfa
  - En reposo, con los ojos cerrados
  - Series en zazen, con ojos abiertos
- Ondas theta
  - Entresueño
  - Series rítmicas en zazen
- Ondas delta
  - Sueño profundo

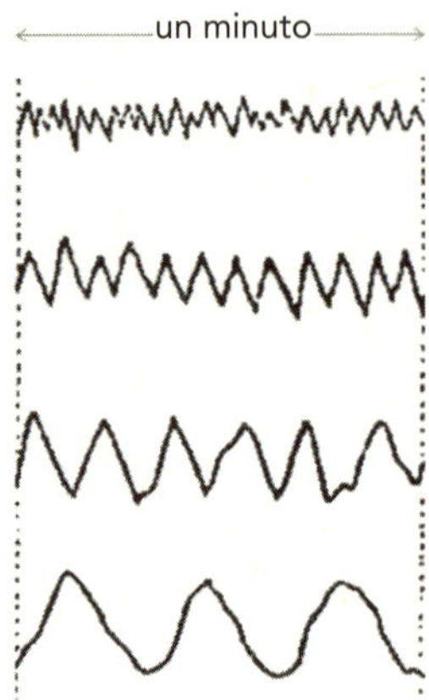

En las mediciones realizadas en monjes zen, durante zazen se detectaron series de ondas alfa, de una amplitud mayor, que no suelen aparecer con los ojos abiertos. En los practicantes más experimentados aparecían, de vez en cuando, series con una amplitud aún mayor, las ondas theta (las ondas theta suelen aparecer justo en el momento de dormirnos, pero no estando despiertos).

En su estudio se puede ver la evolución de los electroencefalogramas, a lo largo de la sesión de meditación del monje zen experimentado, desde el inicio, con ondas beta...

Ondas beta. Reposo con los ojos abiertos antes de empezar zazen

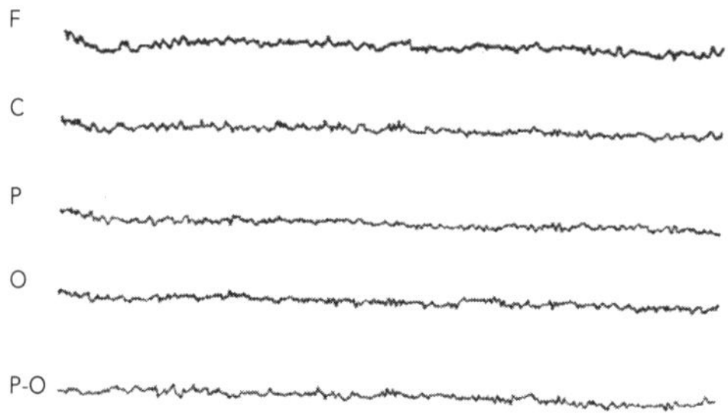

...con la aparición de las series de ondas alfa a los 50 segundos de iniciar la meditación...

Ondas alfa sincronizadas a los 50″ del inicio de zazen con los ojos abiertos

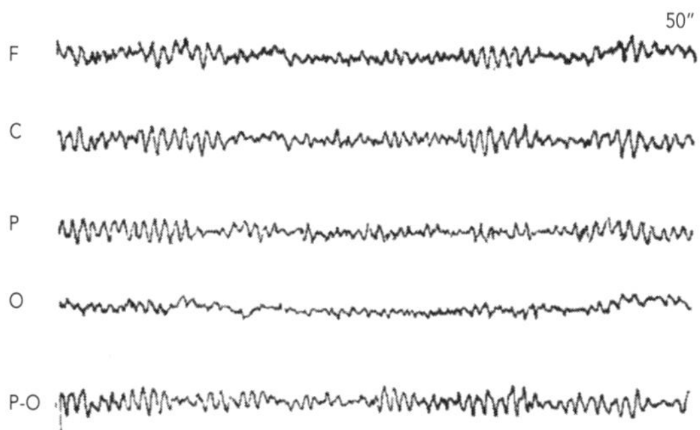

...hasta que a los 27 minutos aparecen las primeras series de ondas theta, que tienen una amplitud aún mayor.

Ondas theta, mayor amplitud, 27′ 30″

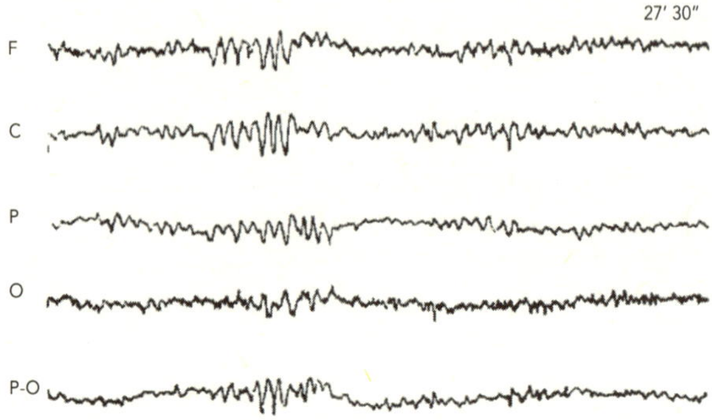

Recordemos lo que habíamos dicho de las ondas armónicas. Podemos decir que las ondas alfa primero, y las ondas theta después, son ondas armónicas, con una actividad sincronizada y armonizada del cerebro, en comparación con la superposición caótica y dispersa de las ondas beta.

¿Pero podemos decir que esto tiene relación con la práctica de zazen?

Cuando se estudió la relación entre la aparición de las ondas theta y los años de práctica de la meditación, se encontraron con el siguiente resultado:

Relación entre los EEG y los años de práctica

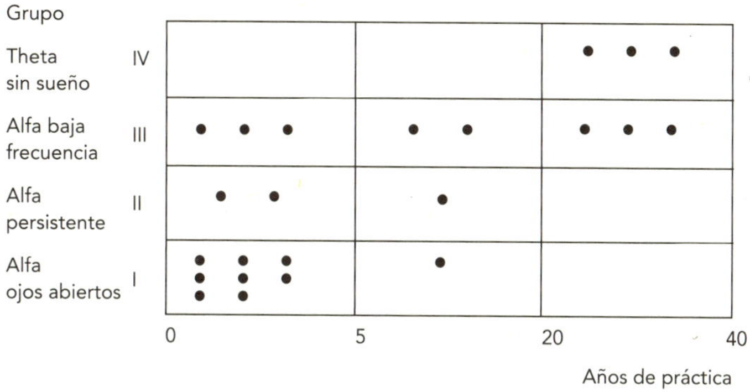

En este gráfico podemos ver una población de practicantes de zazen, en el que cada punto representa una persona. En el eje horizontal se representan los años de práctica, en el eje vertical, la máxima amplitud de ondas que se generan. Así, los practicantes de menos de 5 años se aglutinan en la fase alfa baja, y los de más de 20 años se aglutinan en las fases altas y theta.

El hecho de que los puntos estén dispuestos formando una diagonal nos permite afirmar que hay una relación directa entre los años de práctica y la producción de ondas theta.

Relación entre los EEG y la valoración del maestro

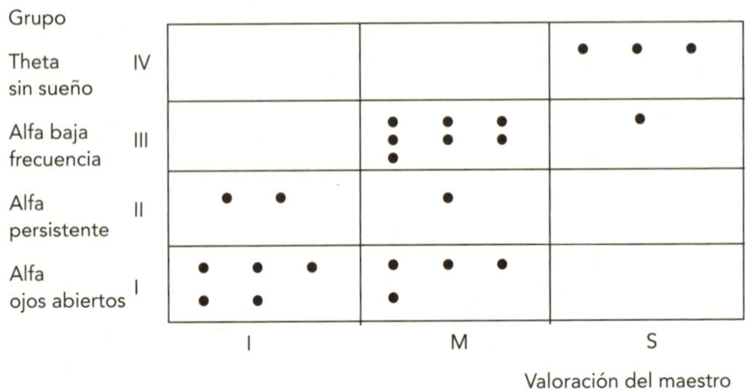

En el anterior gráfico se puede ver algo similar. En el eje horizontal se representa la valoración que hace el maestro de la práctica de cada practicante, representado por un punto, en los niveles I Inferior, M Medio, S Superior.

En la columna de los practicantes valorados como Inferior por el maestro, las mediciones los sitúan en la parte baja de las amplitudes de onda. En los catalogados como Medio, algunos alcanzan los niveles superiores de ondas alfa de baja frecuencia, y en la columna de los valorados como Superior mayoritariamente llegan hasta las ondas theta.

También podemos ver que los puntos se distribuyen en diagonal, lo que significa que hay una relación directa entre la valoración del maestro y las medidas electroencefalográficas.

Según lo que hemos visto antes, a partir del modelo de ondas, podemos decir que estas ondas de amplitud mayor se deben a una mayor sintonía de la actividad mental, y por lo tanto son una especie de armónicos de ondas cerebrales. Es como decir que nuestra actividad nerviosa durante zazen resuena y produce armónicos, como los que se producen en los tubos de órgano.

Esta es una imagen que me parece muy sugerente. En un sentido poético, podríamos pensar que, cuando estamos sentados en zazen, nuestra columna vertebral es como un tubo de órgano; y las neuronas de nuestra médula, las cuerdas de una guitarra que vibran armónicamente en zazen, haciendo sonar una música cósmica.

La ira se esfumó

La armonía de la mente durante zazen no es lo único que pudieron medir los experimentos de Tomio Hirai. Hay también otra evidencia muy interesante. Y para introducirla explicaré otra historia que me sucedió hace tiempo.

Volver al trabajo y a la vida cotidiana después de una sesshin, un retiro de fin de semana, tiene un sabor diferente a la vuelta de cualquier otro fin de semana. Parece que algo ha cambiado, cuando en realidad no ha cambiado nada. Hay un cambio tan sutil que apenas puede percibirse, nadie parece notarlo, quizás ni nosotros mismos. El cambio se puede manifestar en matices muy ínfimos, pero que no dejan de ser el reflejo de un cambio más profundo.

Recuerdo una vez, hace muchos años, que volví al trabajo después de una larga sesshin de cinco días. Todo parecía moverse dentro de la más absoluta normalidad. Aquel día de retorno al trabajo me vi envuelto en algunos conflictos típicos de oficina. En primer lugar, tuve que enojarme en el transcurso de una conversación telefónica con un proveedor que no estaba cumpliendo con los términos que habíamos acordado, y también ese mismo día tuve una intensa emoción de ira hacia un compañero de trabajo, debido a ciertos desacuerdos históricos.

En ambos casos, observé con claridad que el enfado se desarrollaba de manera diferente a lo habitual. Y era así porque mientras me manifestaba enojado con mis interlocutores estaba siendo consciente del tono de mi voz. No sonaba con el timbre visceral de una voz distorsionada por el enfado. Sonaba más bien como una voz fuerte, reflejando enfado, sí, pero limpia, sin temblores ni vacilaciones.

Y en el momento en que colgué el auricular, en el primer caso, o en el momento en que el compañero desapareció de mi vista, en el segundo, la ira se esfumó rápidamente, sin dejar el menor rastro. Inmediatamente después recuperaba el tono de voz normal y podía dirigirme a otra persona con naturalidad.

Durante el enfado no me había quedado cegado, como pasa cuando nos invade el odio y la cólera. Sabía lo que estaba pasando y lo que estaba haciendo en todo momento. No sufrí las secuelas habituales de la ira, que te dejan un rato fuera de juego, subyugado por un sinfín de pensamientos y emociones, que vienen y van, y que te arrastran a la deriva, hasta que poco a poco recuperas el control.

Este desapego de la ira, que suponía un cambio en el comportamiento ante situaciones similares, lo atribuí a la influencia de la sesshin. Me alegró sobre todo el darme cuenta de que el desapego era perceptible y evidente, y eso nos lleva al siguiente experimento de Tomio Hirai: la medición del desapego.

Medir el desapego

El desapego fue otro de los aspectos de la meditación zen que se pudieron medir con los experimentos de Tomio Hirai. El experimento consistió en que en el transcurso de la meditación se produjeron determinados estímulos auditivos. Mediante los electroencefalogramas se pudo observar claramente que los estímulos auditivos produjeron una perturbación sostenida en el electroencefalograma de la persona de control, mientras que en el practicante de meditación zen experimentado, las perturbaciones de su encefalograma duraron solo 2 o 3 segundos, y en seguida recuperaron su ritmo normal.

La persona que practica zazen reacciona frente a los estímulos sin apegarse a ellos, y es capaz de recuperar la concentración casi instantáneamente.

Respuesta estímulo auditivo

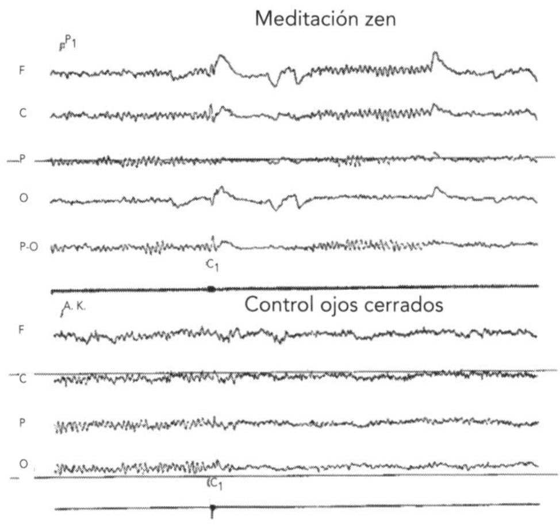

En el experimento se podía observar que, antes del estímulo auditivo, ambas personas producían series alfa de baja amplitud. A partir del estímulo —el sonido de un disparo—, el meditador experimentado mostró en su gráfico una gran alteración inmediatamente después del suceso, pero se recuperó rápidamente para volver a producir series alfa.

La persona de control no tuvo una reacción tan marcada como el meditador zen, pero después dejó de producir series alfa; su mente no pudo ya volver a la armonía.

Esto demuestra que el meditador zen vive más intensamente el estímulo auditivo, y también que es capaz de desapegarse rápidamente de él para volver a la armonía. Con la tecnología de la época en que se hizo este experimento, resultaba más difícil medir este mismo desapego cuando lo que aparece en la mente son deseos o emociones. Pero es algo que podemos verificar nosotros mismos, observando nuestra propia mente, a plena luz del día y en medio de la actividad de nuestra vida cotidiana.

3. Meditar y ser libre. Breve historia del Zen

¿Qué es el Zen? ¿Qué entendemos por Zen?

Si preguntamos a alguien «¿qué es para ti el Zen?», «¿qué entiendes por Zen?», es muy posible que nos hable de lo que para él significa tener un momento de relax, de paz y tranquilidad sublimes, un momento zen, o quizás les sugiera un estilo de decoración, un estilo arquitectónico, un espacio zen, en el que sencillez y sobriedad producen una experiencia de paz y serenidad.

Popularmente se conoce más el zen por su influencia en el arte, en el diseño, debido a su influencia en el *sumi-e*, el dibujo hecho con tinta y pincel, arte en el que lo más importante es el espíritu con que se pinta, y la fuerza con que se transmite en pocos trazos la experiencia del instante presente.

Puede que alguna vez nos hayamos quedado impresionados por un jardín zen, rocas flotando en un mar de arenas estriadas, o hayamos observado con admiración una ceremonia del té, donde el gesto tan sencillo y cotidiano de tomar un té se convierte en un culto a lo efímero.

Aunque puede que donde más se conozca la influencia del zen sea en las artes marciales orientales. Esto tiene su razón de ser, ya que algunas de estas artes se originaron en templos budistas zen, como el de Shaolin; pero también porque las desapegadas actitudes asociadas a la práctica del Zen favorecen el desarrollo de estas artes guerreras.

El Zen llegó a Europa desde Japón, imbuido de la estética y el carácter japonés. Y este puede que sea su aspecto más conocido. Pero el origen del Zen se remonta mucho más atrás en el tiempo. Antes de llegar a Japón se había desarrollado durante siglos en China e India.

Liberarse del sufrimiento

Desde el inicio, esta ha sido siempre una Vía de liberación, y por liberación entendemos, sobre todo, liberarnos del sufrimiento y de sus causas. El concepto de sufrimiento es muy amplio y no se limita al dolor, la enfermedad, la vejez y la muerte.

Entendemos también por sufrimiento el estrés, la ansiedad, las depresiones, la angustia y el miedo. La tristeza que sentimos ante una pérdida, ya sea la pérdida de un ser querido como de algo material, o de un ideal, o si nos sentimos derrotados en una disputa. Como también lo es el que los demás no nos aprecien como quisiéramos, no sentirnos suficientemente valorados. En general, es sufrimiento todo lo que nos produce malestar, en sus múltiples formas.

La historia de la vida de Buda ilustra perfectamente esta búsqueda de la liberación. El Buda era un príncipe de un reino en el norte de la India, donde ahora está el Nepal. Cuando nació, el oráculo predijo que se convertiría en un gran sabio, y por eso su padre, que quería que continuase su linaje, se ocupó de que no tuviera que salir nunca de palacio, que estuviera siempre rodeado de lujos y placeres, pensando que así desistiría de buscar la verdad.

Durante su juventud empezó a surgirle una gran duda que lo empujó a salir de los muros del palacio, pese a la prohibición de su padre. En su primera salida se encontró con un anciano. Siempre le habían ocultado la realidad de la vejez y, de pronto, se dio cuenta de que su juventud no sería eterna.

En la siguiente salida se encontró con un enfermo, y la visión de la enfermedad y del dolor le afectó profundamente. Más tarde pudo contemplar cómo incineraban un cadáver a la orilla del río, y tomó conciencia súbitamente de la realidad de la vida y la muerte.

Estos tres encuentros —que le mostraban los principales aspectos de la impermanencia— hicieron que la duda creciera cada vez más.

En la siguiente salida se encontró con un monje errante y, después de hablar con él, sintió el deseo de realizar la búsqueda de la liberación del sufrimiento para todos los seres. Así surgió en él el espíritu del despertar.

Saltar el muro

Una noche, cuando todos dormían después de una fiesta, el joven Buda saltó el muro del palacio, dejando atrás un mundo de placer y confort, para buscar la verdad. Después de salir de palacio, estudió con diferentes maestros y practicó numerosos ascetismos y mortificaciones. Pero ninguno de estos caminos resolvió su inquietud.

Finalmente, encontró la práctica justa, y una noche, al ver la estrella de la mañana, el Buda despertó con la gran tierra y todos los seres sensibles.

Esto no significa que para practicar el Zen tengamos que escapar de casa, ni huir de nuestras responsabilidades, creyendo emular la acción del Buda cuando saltó el muro. Se trata más bien de entender el sentido profundo de este gesto.

Lo que hizo el Buda al saltar el muro del palacio donde vivía una vida regalada, de lujo y confort, fue abandonar precisamente eso, el lujo y el confort, que no eran capaces de satisfacer su inquietud existencial. Nosotros podemos inspirarnos en esto para abandonar también aquello de nuestra vida que, lejos de proporcionarnos la felicidad, nos esclaviza y nos aleja de una existencia más auténtica y sencilla.

Recuperar la verdadera libertad es romper las cadenas de la avidez que, adornadas de placer y comodidad, nos hacen buscar compulsivamente más bienestar, más seguridad, en una carrera insaciable que nos convierte en presos del palacio de nuestros ideales y aspiraciones, y nos impide disfrutar plenamente del momento presente.

Despertar con todos los seres

La conciencia despierta nos permite ver intuitivamente la relación entre el sufrimiento y sus causas, como le sucedió al Buda al ver la estrella de la mañana. Lo que significa, por ejemplo, darse cuenta de la avidez cuando está presente en nuestra mente, y comprender el sufrimiento que acarrea.

Solo podemos librarnos de esta insatisfacción intrínseca de nuestras vidas si nos liberamos de la avidez, del odio y del apego al yo. Despertar es liberar nuestra mente de esos venenos, pero ¿cómo es posible compartir este despertar con los demás seres?

Esto se explica por el concepto de la interdependencia. Un buen ejemplo de la interdependencia es el funcionamiento de los mercados, que todos conocemos. Cuando una persona quiere algo, crea una demanda, y esta demanda hace subir su valor en el mercado, eso hace que los demás también deseen esta cosa, y así sube todavía más su valor.

Todos tenemos presente la última gran burbuja inmobiliaria. Cuando todo el mundo quería comprar casas, aumentaban su valor, lo que las hacía más deseadas, y todavía incrementaban más y más su valor. Después, cuando llegó el ciclo descendente, el valor de las casas bajó, la gente ya no quería comprar, lo que hacía que su valor cayera más y más, hasta que descendió por debajo del valor hipotecado, provocando la bancarrota de muchas familias y mucho sufrimiento.

Este es un ejemplo que sirve para entender que, cuando deseamos algo con avidez, indirectamente estamos induciendo la avidez en los demás, por la misma empatía con que se mueven los mercados.

Lo mismo se puede decir del odio, otra de las causas fundamentales del sufrimiento humano. Cuando odiamos inducimos el odio en los demás, ya sea porque al manifestarlo algunos se unen a este odio, o porque otros oponen su odio hacia nosotros.

La avidez y el odio son las causas principales de las guerras, y de las crisis sociales y económicas. Si nos preguntamos qué podemos hacer nosotros para acabar con las guerras y las crisis mundiales, está muy claro: abandonar la avidez y el odio que hay en nosotros mismos. Solo así se erradica de raíz el problema.

Esto es justamente lo que hacemos con la práctica de la meditación zen: extinguir nuestra avidez y nuestro odio, y por interdependencia, la avidez y el odio de todos los seres sensibles.

El viaje de Bodhidharma

Después del Buda, las enseñanzas budistas se transmitieron de generación en generación en la India durante 28 generaciones, hasta llegar a Bodhidharma, el primer patriarca Zen de China, hacia el año 500 d.C.

Bodhidharma, un joven príncipe del sur de la India, que se había entregado completamente a la Vía, viajó desde la India a China en un largo trayecto por mar que duró tres años. Aunque con seguridad había más gente que lo acompañaba a bordo, entre ellos algunos asistentes personales, no ha quedado registro alguno del viaje, y nadie sabe qué pasó exactamente durante ese largo trayecto.

Cuando Bodhidharma desembarcó en China, nadie lo conocía. Era el año 527. El gobernador del distrito recibió al maestro respetuosamente e informó al emperador Wu en cumplimiento de su deber. El emperador, un devoto budista, envió un mensajero con un edicto imperial en el que le invitaba a visitarlo.

El emperador Wu

Cuando el primer patriarca llegó a la ciudad, y se encontró con el emperador Wu de la dinastía Liang, este le dijo:

—Desde que soy emperador, he construido templos, he hecho copiar sutras, y he aprobado la ordenación de innumerables monjes. ¿Cuál es el mérito de haber hecho todo esto?

Bodhidharma contestó:

—Ningún mérito en absoluto.

El emperador dijo:

—¿Por qué no tiene ningún mérito haber hecho esto?

El maestro dijo:

—Esto son solo logros ordinarios, son causa de deseo y de ilusión. Es como perseguir una sombra.

El emperador dijo:

—¿Cuál es el auténtico mérito, entonces?

El maestro respondió:

—La sabiduría perfecta y serena de ver que toda sustancia es vacuidad. Esto no puede lograrse con acciones ordinarias.

El emperador volvió a preguntar:

—¿Cuál es entonces la verdad más sagrada?

El maestro dijo:

—Una gran vacuidad, nada sagrado.

El emperador quedó estupefacto, y dijo:

—¿Quién es el que está delante de mí?

El maestro dijo:

—No lo sé.

El emperador Wu no entendió bien el mensaje de Bodhidharma, y este último comprendió que el momento no era favorable para la difusión del Zen.

Así que se fue más al norte del río Yangtsé, y se retiró en el templo Shaolin. Allí dejó de lado las discusiones y se dedicó solamente a la práctica de zazen frente a un muro, durante nueve años, dentro de una cueva. La gente le llamaba «El bramin que se sienta frente al muro».

Mushotoku

El emperador Wu y la gente de aquella época no podían entender la enseñanza de Bodhidharma. Querer obtener mérito, una recompensa, una compensación, hace que una acción se convierta en ordinaria. El verdadero espíritu de la práctica del Zen es *mushotoku*, sin intención de obtener.

Al oír esto la gente se queda a veces un poco perpleja: ¿cómo pueden hacerse las cosas sin querer obtener nada?

Para trabajar, por ejemplo, necesitamos unos objetivos claros, conseguir unos resultados, una calidad, unas ventas, unos ingresos; ¿cómo podemos hacerlo sin intención de obtener?

Mushotoku se refiere a una actitud, a un hacer las cosas sin estar pensando en el resultado, solo en la propia acción. Aunque en apariencia nos resulte extraño, si nos fijamos bien todos hacemos cosas sin voluntad de obtener. Por ejemplo, si salimos a pasear, o a correr, o a dar una vuelta en bicicleta, es posible que hayamos salido de casa con el objetivo de hacer un poco de ejercicio, de ponernos en forma, pero enseguida podemos olvidarnos de nuestro propósito y disfrutar del sol y del aire fresco, disfrutar de la acción de pasear o hacer deporte en sí misma. Y el gozo que sentimos por la acción en sí misma hace que prolonguemos esta actividad por la propia actividad.

Igual nos pasa con otras actividades, como leer, escuchar música, interactuar en las redes sociales, bailar. La actividad en sí misma puede llegar a ser tan gratificante que perdemos la noción del tiempo, nos olvidamos de nosotros mismos, y en ese momento podemos decir, sin lugar a dudas, que en nuestra mente no hay intención de obtener algo.

Esto no pasa solo con las actividades de ocio. Por ejemplo, podemos estar cocinando, con el objetivo de preparar la comida para nuestra familia o nuestros amigos, pero el disfrute que nos produce la actividad de cocinar en sí misma puede que nos haga actuar en ese momento sin esperar ningún reconocimiento. No estamos pensando en las felicitaciones que recibiremos por nuestro esfuerzo, simplemente gozamos de la actividad de cocinar en sí misma.

En el trabajo, seguramente tenemos que plantearnos unos objetivos y unos resultados, pero una vez estamos en ello, también es posible disfrutar de la actividad, no es necesario estar en todo momento pensando en el resultado, en el reconocimiento de los demás, ni en nuestros ingresos, podemos sentirnos satisfechos simplemente por el trabajo en sí mismo, y permitir así que aparezca el espíritu *mushotoku*, que nos da gozo y serenidad. En caso contrario, si nos apegamos al espíritu de obtención, no hacemos más que generar estrés y sufrimiento en nosotros mismos y en los demás.

La manera de funcionar de la mente ordinaria

El espíritu de obtención es lo que llamamos la manera de funcionar de la mente ordinaria, y es una fuente constante de sufrimiento. No hablamos solo de obtener cosas materiales, también cosas inmateriales como el afecto, las compensaciones emocionales o el reconocimiento de los demás.

El sufrimiento es inherente a esta manera de funcionar de la mente, y cuando nos damos cuenta de ello nos preguntamos si podemos dejar de funcionar así, si podemos liberarnos de esta manera de funcionar, de esta actitud de perseguir lo que nos gusta y rechazar lo que nos disgusta. Y la respuesta es que sí.

La práctica del Zen nos hace descubrir que nuestra mente también puede funcionar sin este espíritu de obtención, que es posible pensar, hablar, actuar y vivir con una mente serena, liberada de la servidumbre a los objetos y a las ideas.

Esta práctica se basa en la meditación sentada, zazen, como la que practicó Bodhidharma, sentado delante del muro durante nueve años. Nosotros también podemos sentarnos y reencontrarnos con nuestro cuerpo, nuestra respiración y nuestra mente original.

Historia de Eno

El maestro Eno fue el sexto patriarca en China. A diferencia de los príncipes Shakyamuni y Bodhidharma, Eno era de origen muy humilde, vivía con su madre viuda, y se sustentaba recogiendo leña y vendiéndola en los mercados.

Un día, después de realizar una entrega, escuchó a un anciano recitando el Sutra del Diamante, y al oír la frase «cuando la mente no se queda en nada, aparece la verdadera mente», su mente se clarificó repentinamente. Le preguntó a aquel anciano de dónde provenía aquella enseñanza, y el viejo le encomendó al maestro Konin. Eno se dirigió hacia el norte, hasta el monasterio del maestro Konin, y allí fue aceptado para trabajar en el molino, donde estuvo ocho meses haciendo girar la piedra de moler.

Un día, el quinto patriarca, de improviso, mandó llamar a todos sus discípulos. Y una vez todos reunidos, les dijo: «Ya os he dicho que la mayor preocupación para el ser humano es la vida y la muerte. Pero vosotros, discípulos míos, pasáis los días haciendo ofrendas, solo para encontrar el modo de obtener más méritos, y no para encontrar una salida al mar amargo del samsara. Si estáis ciegos a vuestra propia naturaleza, ¿cómo podréis encontrar la liberación? Volved a vuestras habitaciones, y mirad dentro de vosotros mismos. Cada uno de vosotros escribirá un poema. Cuando haya leído vuestros poemas, si alguno de vosotros ha comprendido qué es lo verdaderamente importante, le entregaré mi kesa y mi transmisión del Dharma, y lo nombraré sexto patriarca. ¡Corred, daos prisa, como si se hubiese declarado un incendio!».

La mayoría de los discípulos creían que el sucesor sería Jinshu, el preceptor del monasterio, de modo que no hicieron ningún esfuerzo para demostrar su comprensión. Por su parte, Jinshu se encontró frente a un dilema: si escribía el poema, podría ser que no recibiera la aprobación del maestro, y entonces no podría recibir la transmisión. Pero si no lo escribía, tampoco sería digno de recibirla, así que finalmente se decidió por escribir un poema anónimo. Si el poema quedaba aprobado, podría decir que lo había escrito él y recibir la transmisión, y si no era aprobado, no recibiría la transmisión, pero al menos no pasaría la vergüenza de que todo el mundo lo supiera.

A medianoche, sin avisar a nadie, escribió su poema sobre el muro del corredor sur, justo al lado de la habitación del maestro Konin, con la esperanza de obtener el kesa y la transmisión del Dharma. Este fue su poema:

El cuerpo es el árbol de la iluminación,
la mente es un espejo ahí reclinado,
siempre tratamos de mantenerlo limpio,
para no dejar que se acumule el polvo.

El maestro Konin, cuando lo vio, hizo llamar a sus discípulos, y después de quemar incienso delante del poema, les dijo: «A no ser que recitéis y comprendáis este poema, no veréis vuestra naturaleza. Cualquier persona que base en él su práctica, no irá hacia atrás». Sus discípulos lo memorizaron y lo recitaron con respeto, exclamando lo maravilloso que era.

Al rato, un novicio pasó por delante de la sala del molino recitando el poema. Cuando Eno lo oyó, preguntó de dónde provenía, y el novicio le explicó el concurso que había convocado el maestro para otorgar su transmisión.

Eno le pidió que lo acompañara al corredor sur, y, puesto que él no sabía leer ni escribir, pidió al novicio que le escribiera su poema en el muro, para poder mostrar su mente.

A no ser que conozcamos la propia mente, estudiar el Dharma no sirve de nada. Pero tan pronto como conocemos la propia mente, y vemos nuestra naturaleza, comprendemos lo que es verdaderamente importante. El poema de Eno era el siguiente:

En la vacuidad no hay
ni árbol de la iluminación, ni espejo claro,
la naturaleza de Buda es siempre pura,
¿dónde podría depositarse el polvo?

Cuando el maestro lo vio, dijo delante de todos los demás: «Este poema no se entiende».

Pero después hizo llamar a Eno a su habitación, y a medianoche le dio la transmisión del Dharma, y después le dijo: «Eno, desde la antigüedad, las vidas de aquellos a los que se ha transmitido esta enseñanza, han colgado de un hilo. Si te quedas aquí, alguien te hará daño. Debes partir ahora mismo».

Después de recibir el manto y el Dharma, Eno tuvo que marcharse. Algunos seguidores de Jinshu salieron a perseguirlo para quitarle el manto, pero después de unos cuantos años escondido en las montañas, Eno se dedicó a enseñar el Dharma, y tuvo muchos discípulos.

Despertar súbito o gradual

Esta historia nos sirve para entender que abandonar la manera de funcionar de la mente ordinaria, de la que hablábamos antes, y despertar a la conciencia original, no es algo que se produzca de una manera gradual, progresiva, tal como expresa el poema de Jinshu.

El poema de Jinshu considera las ilusiones y las pasiones como partículas de polvo que se depositan en nuestra conciencia original, y que con la práctica del Zen, lo que hacemos es limpiar el polvo, para recuperar gradualmente el brillo del espejo.

La respuesta de Eno es que esta gradualidad no existe, que la práctica nos hace ver abruptamente la vacuidad de las ilusiones y de las pasiones, incluso la vacuidad de la conciencia, y esta es la verdadera liberación.

Es verdad que en la práctica hay una cierta gradualidad, en la medida en que vamos abandonando nuestros apegos. Poco a poco, nos desprendemos de los hábitos de la mente, nos vamos conociendo mejor a nosotros mismos.

Lo que queremos decir es que la liberación de cada apego se produce de forma abrupta, al ver la naturaleza vacua del fenómeno al que nos aferramos en este momento.

Es como decir que Dios está en todos los fenómenos, está en el árbol, en la flor, en el aire, en la luz y en los colores, y también en los pensamientos, en los pensamientos buenos, y en los malos. Por eso, si eliminamos las sensaciones, si eliminamos los pensamientos, también estamos eliminando a Dios.

El polvo y el espejo son lo mismo, no pueden separarse. Quizás es más acertado utilizar la metáfora de un espejo hecho de gotas de agua, como la corriente de un río, sobre el que se depositan gotas de agua, las ilusiones. El espejo son las gotas de agua, las gotas de agua son el espejo.

Abandonar cuerpo y mente

El maestro Dogen (Japón, 1200-1253) fue a China a estudiar el Dharma, y visitó muchos monasterios. Ya se disponía a regresar a Japón, decepcionado de su estancia en China, cuando en el momento de embarcar, mientras hablaba con el capitán japonés del barco, llegó un viejo monje.

Tenía aproximadamente sesenta años. Se acercó a la nave para pedir a los pasajeros japoneses si le podían vender setas de Japón. Era el cocinero del monasterio de Tiangtong, y había hecho un largo viaje andando para conseguir los ingredientes de la comida del día siguiente para la comunidad de monjes. Dogen le pidió que se quedara a cenar, y así poder hablar con él sobre el Dharma. Pero el cocinero le dijo que no podía, porque tenía que preparar la comida del día siguiente.

Dogen insistió y le dijo:

—Eres venerable en años, para seguir la Vía podrías dedicarte solo a meditar, o a estudiar las palabras de los antiguos. Te esfuerzas mucho como cocinero, y todo lo que haces es trabajar. ¿Qué hay de bueno en ello?

Y el cocinero le contestó riendo:

—Amigo que vienes de un país extranjero, aún no comprendes lo que significa la práctica de la Vía, ni qué significan las escrituras.

Dogen se sintió avergonzado y confuso, y le preguntó:

—Entonces, dime, ¿qué es lo que entiendes por práctica de la Vía?

El cocinero respondió:

—Si aún no lo has entendido, ven al monasterio de Tiantong, y lo aprenderás. Ahora se hace tarde y se acaba el día, tengo prisa, debo regresar.

Poco después, Dogen abandonó el barco y se dirigió al monasterio de Tiantong, donde conoció a Nyojo, y se quedó a estudiar con él. La enseñanza en el monasterio era muy severa, a veces hacían sesiones de meditación, zazen, que duraban toda la noche, y los monjes caían abatidos por el sueño.

Una noche, Dogen estaba sentado en zazen, y el monje que estaba en zazen a su lado se durmió. El maestro Nyojo le gritó: «Abandona el cuerpo y la mente ahora mismo», al tiempo que le golpeaba en la cabeza con la zapatilla, lo que le hizo caer de su asiento. Dogen recibió una fuerte impresión al oír esto y despertó, abandonando abruptamente el ego.

Después, Dogen fue a ver a Nyojo y le dijo:

—He abandonado el cuerpo y la mente, *shin jin datsu raku.*

Y Nyojo, para confirmar y matizar la experiencia de Dogen, respondió:

—Cuerpo y mente han sido abandonados, *datsu raku shin jin.*

Esta expresión no es más que la pura experiencia de zazen. Absortos en la concentración serena, dejar cualquier apego al cuerpo y a la mente, desprenderse de la avidez y el odio, y de todos los obstáculos, y conquistar la verdadera libertad.

La libertad

Muchos piensan que ser libre significa hacer en cada momento lo que a uno le apetece, vivir sin obligaciones, sin presión, sin responsabilidades, no tener que trabajar, no tener que dar cuentas a nadie.

Pero la verdad es que cuando nos dedicamos a hacer solo lo que nos viene en gana no somos tan libres como creemos, ya que todo lo que hacemos, lo hacemos siguiendo unos condicionamientos a los que estamos encadenados, que acaban por ocasionarnos sufrimiento.

Cuando hacemos lo que nos apetece, estamos actuando condicionados por la influencia que nos dejaron nuestros padres, hermanos, nuestros amigos, la educación recibida, el país donde nacimos. Por ejemplo, nos vestimos condicionados por cómo visten nuestros amigos, o por los dictados de la moda, somos fans del mismo club de fútbol que nuestro padre, o todo lo contrario. Pero no se trata solo de este tipo de condicionamiento, sino de un condicionamiento más profundo, que está arraigado en la manera de funcionar de nuestra mente. Nos referimos a la manera de funcionar ordinaria, de la que ya hemos hablado antes.

Creemos que ser libre es hacer lo que queremos, obtener lo que deseamos, sin ser del todo conscientes de que esta actitud es la que nos conduce al sufrimiento, tanto si tenemos éxito como si no. Así es que creemos que somos libres, cuando en realidad estamos encadenados a unos condicionamientos que nos conducen una y otra vez al sufrimiento. Pero, ¿nos podemos librar de esta forma de funcionar? ¿Podemos librarnos de acabar siempre en la insatisfacción y el sufrimiento?

La verdad es que sí, esto es lo que hicieron realidad Buda, Bodhidharma, Eno y Dogen. Nos podemos liberar por la práctica del Zen, fundamentalmente a partir de la práctica de la meditación zazen.

Mientras practicamos zazen dejamos de seguir esta forma de funcionar ordinaria de la mente, la de seguir lo que nos gusta y rechazar lo que no nos gusta, y volvemos a una manera de funcionar original de nuestra mente, anterior a la aparición del lenguaje, que nos permite vivir con plenitud cada momento.

Se hace difícil explicarlo con palabras, pero la experiencia de zazen es la experiencia de no necesitar obtener nada, ni rechazar nada, de vivir en paz con nosotros y con el resto del mundo.

Practicar regularmente zazen una o dos veces por semana es suficiente para iniciarse en la práctica, pero podemos practicarlo diariamente. Día a día nos desprendemos de muchos pensamientos y emociones que nos hacen sufrir, y con la continuidad, llegamos a desprendernos de los hábitos de la mente, de la manera de funcionar que nos causa el sufrimiento. Es la verdadera libertad, porque nos liberamos de todos los condicionamientos, nos liberamos incluso de nosotros mismos. Como dice el maestro Dogen, conocerse a uno mismo es olvidarse de uno mismo. Esta es la verdadera libertad.

4. *¿Por qué meditar?*

¿Por qué hacemos meditación?

Esta es una pregunta que no podemos dejar de hacernos: ¿por qué meditar? ¿Por qué sentarnos frente a una pared sin, aparentemente, hacer nada? Incluso los que meditamos desde hace tiempo, a veces tenemos que responder a esa pregunta, formulada por algún incrédulo de nuestra familia, amigos o compañeros de trabajo. ¿Por qué hacemos meditación?

La motivación de las personas que acuden a un centro de meditación por primera vez es frecuentemente liberarse del estrés, o encontrar la calma y la paz mental, o la concentración. En la sociedad de hoy muchas personas sufren de estrés, de depresiones, de crisis de ansiedad, de angustia. La presión con la que vivimos y percibimos el mundo hace surgir todo tipo de sentimientos y estados mentales de insatisfacción y malestar, lo que en términos generales describimos como sufrimiento.

Puede ser también que esa presión la sintamos desde el interior, en forma de emociones o impulsos que a veces nos desbordan y que no sabemos cómo reconducir, que a veces nos hacen decir o hacer cosas de las que después nos arrepentimos: un ejemplo es el consumo compulsivo. Lo cierto es que en el momento en que se producen no nos consideramos capaces de manejar la situación.

Puede que ya nos hayamos dado cuenta de que esta presión, exterior o interior, se debe a una manera de funcionar de nuestra mente, a la manera cómo nos lanzamos detrás de nuestros deseos e ilusiones, a nuestra tozudez por sostener una cierta imagen de nosotros mismos, que nos conduce irremediablemente al sufrimiento. Cualquiera de estos casos es un buen motivo para empezar a meditar, recuperar el bienestar interior, liberarse del sufrimiento.

Esto podemos entenderlo, y lo puede entender cualquiera al que se lo contemos, meditamos para sentirnos mejor, para curarnos, para el propio bienestar. Por otro lado, es natural que racionalicemos nuestros actos, somos seres racionales, necesitamos saber por qué hacemos las cosas.

Nos puede sorprender entonces que un maestro zen nos diga que debemos meditar sin esperar nada, sin intentar obtener nada. Puede que oír eso nos haga sentir mal. «Mire, pues yo venía para quitarme la ansiedad, ¿qué debo hacer entonces? ¿Debo irme? Porque yo he venido a meditar para relajarme, ¿es que hay alguien en esta sala de meditación que no haya venido por un motivo u otro?»

Cuando decimos que hay que practicar sin esperar nada, nos referimos a una actitud, y al principio basta con fomentar esta actitud durante la meditación. Está claro que cada uno se sentará a meditar, sobre todo al principio, por un motivo u otro. Pero también es cierto que cuando la meditación se convierte en un hábito en nosotros, muchas veces nos sentamos sin necesidad de buscar ninguna razón para ello. Aun así, hay días en que estamos cansados o muy ocupados, y de nuevo necesitamos una razón para sentarnos.

Puede parecer una contradicción, pero no lo es. Debemos comprender que sea cual sea el motivo por el que nos sentaremos a meditar, una vez lo hacemos, abandonamos ese motivo, cualquiera que fuera, dejamos de pensar en él, de esperar resultados. Es, por tanto, una cuestión de la actitud en el momento presente, algo muy importante, como veremos, para que la manera de funcionar de nuestra mente cambie durante la meditación.

¿Qué es la meditación?

¿Qué es exactamente la meditación? ¿Qué entendemos por meditar? Hoy en día se conocen muchos tipos de meditación, o al menos muchas cosas a las que se les pone la etiqueta de meditación. ¿Cómo distinguirla de una relajación, o de un simple estado de descanso y reposo?

Decimos que la meditación es un proceso de concentración y atención en los fenómenos del cuerpo y de la mente, sin juzgarlos, sin rechazarlos ni retenerlos. Es un proceso. Eso significa que no consiste en quedarnos fijos en un punto, en una imagen, o en un pensamiento. Es un proceso del cuerpo y de la mente. Esto es muy importante. Hay quien cree que se puede meditar solo con la mente, gran error, porque la meditación lo que hace es crear una dinámica entre el cuerpo y la mente, que le da la vuelta a la manera de funcionar habitual de la mente.

No se puede meditar solo con la mente, ni solo con el cuerpo. En el budismo, el cuerpo y la mente no existen por separado. Podemos entenderlos como conceptos distintos, pero no vivimos en ellos por separado. No podemos existir en el cuerpo sin la mente, ni podemos existir en la mente sin el cuerpo. Es una idea filosófica fundamental para comprender qué es la meditación.

A diferencia de cuando nos dejamos llevar por los deseos, impulsos y emociones, que nos dejan una sensación de carencia y de insatisfacción, la meditación nos hace volver a ser lo que somos, sin anhelar ser otra cosa, sin rechazar lo que somos en el momento presente, encontrando la paz de simplemente ser.

Cómo funciona la mente ordinaria

Para entender cómo funciona la mente durante la meditación, tratemos primero de comprender cómo funciona lo que llamamos la mente ordinaria. En el Zen hablamos de la mente ordinaria y de la mente original, aunque sabemos que solo hay una mente. Es una forma de hablar. Cuando decimos mente ordinaria, en realidad nos referimos a la manera de funcionar ordinaria o habitual de la mente, y cuando hablamos de mente original, nos referimos a una manera de funcionar original, anterior a la forma ordinaria. En adelante, para facilitar la lectura, nos referiremos a estas diferentes maneras de funcionar como la mente ordinaria y la mente original.

La manera de funcionar ordinaria de la mente

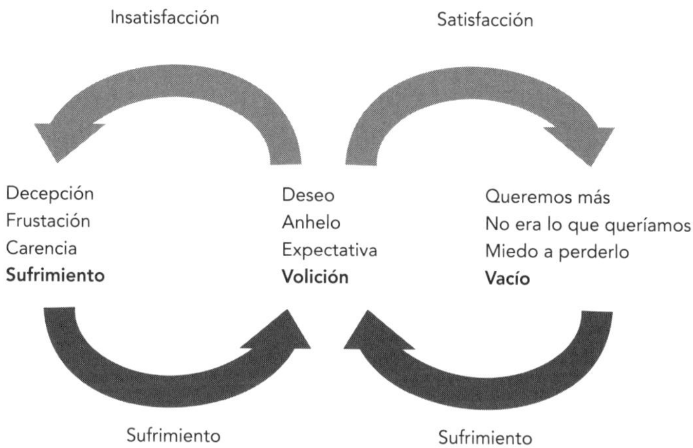

Círculo vicioso del sufrimiento

Podríamos simplificar lo que llamamos la manera de funcionar ordinaria de la mente, tal y como está descrita en la figura. Aparece un deseo, un anhelo, una expectativa, una volición en términos generales. Puede ser, por ejemplo, que deseemos un objeto, un nuevo móvil, o puede ser un deseo afectivo, que deseemos a otra persona, pero también nos referimos a anhelos o expectativas de obtener éxito, compensaciones emocionales, reconocimiento, una recompensa, que nos den la razón en una discusión.

Supongamos que no conseguimos satisfacer este deseo; eso automáticamente produce insatisfacción, decepción, frustración, carencia, sufrimiento. Pero aun en el caso de que consigamos satisfacer el deseo, el sentimiento de satisfacción es extraordinariamente volátil y breve. Pasará poco tiempo hasta que deseemos más, que ya tendremos miedo de perder lo conseguido, o que nos demos cuenta de que no era eso lo que estábamos buscando, no era eso lo que podía saciar nuestra inquietud existencial, y por lo tanto caeremos de nuevo en el sufrimiento.

Eso es lo que en el budismo se conoce como la rueda del samsara. Un ciclo vicioso que nos hace caer continuamente en el sufrimiento, y del que no podemos escapar por nosotros mismos, mientras persigamos nuestros deseos e ilusiones.

Cómo funciona la mente de zazen

En contraste con lo dicho más arriba, la mente durante zazen funciona de otra manera. Lo llamamos la manera original. Los maestros chinos lo llamaban nuestro rostro original. Para ellos la correspondencia entre la cara y la mente tenía un significado más que simbólico, y lo cierto es que nuestra cara también cambia cuando cambia la mente. Al final de un retiro de práctica intensiva, podemos observar las caras de la gente, realmente han cambiado, los músculos faciales relajados, la mirada clara y profunda. Al final de un retiro, una belleza natural emerge de todos los rostros, nuestro rostro original.

La mente durante zazen funciona siguiendo la dinámica del cuerpo y la mente, aceptar sensaciones, emociones y pensamientos, sin juzgar, sin rechazar, sin identificarse. Aceptamos los pensamientos buenos y los pensamientos malos, las emociones positivas y las negativas, las sensaciones placenteras y las sensaciones dolorosas. Esta aceptación ecuánime hace que la mente se vuelva vasta como el cielo azul, aceptando todas las nubes que lo surcan, arrastradas por el viento, sin inmutarse.

La manera de funcionar original de la mente

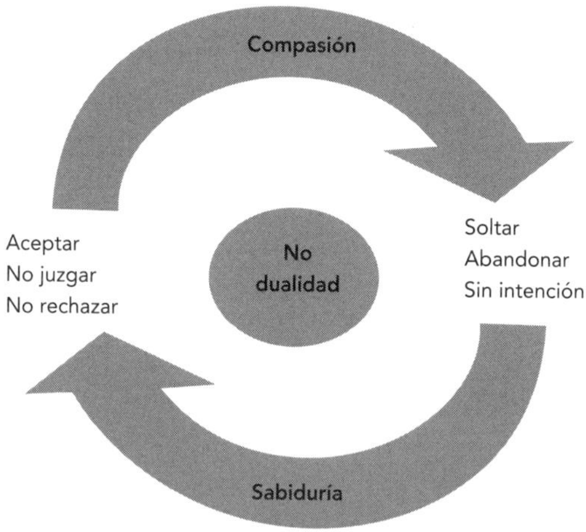

Círculo virtuoso del no sufrimiento

Una vez somos conscientes de lo que ha aparecido en nuestra mente, soltamos, abandonamos, dejamos pasar sin intención, también sin distinguir, soltamos lo bueno y lo malo, lo que nos gusta y lo que no nos gusta, y este mismo gesto de soltar hace surgir la sabiduría que nos hace ver las cosas tal como son, insustanciales, vacías.

De esta forma entramos en un círculo virtuoso de aceptar y soltar, sin intención, sin quedarnos ni en el pensamiento, ni en el no pensamiento, una manera de funcionar que no genera sufrimiento. Y esta manera de funcionar no es artificial, es una manera de funcionar latente, que está siempre presente en el aquí y ahora, y que podemos actualizar en cualquier momento.

Cuando eras un bebé, ¿cómo era entonces?

Un estudiante de la asamblea del maestro Guishan tenía una gran memoria y lo aprendía todo muy bien. Un día Guishan le dijo al estudiante: «Todo lo que dices lo has aprendido de memoria de los comentarios. Ahora te voy a hacer una pregunta: cuando eras un bebé, antes de que distinguieras el este del oeste, dime, ¿cómo era entonces?».

El estudiante expuso su comprensión, explicó el principio, pero no pudo obtener la aprobación del maestro. Buscó en textos que había recogido y estudiado, pero no encontró ninguna respuesta que satisficiera al maestro.

Profundamente afligido y llorando desconsoladamente, quemó todos sus libros y comentarios. Y se dijo a sí mismo: «Jamás entenderé el Zen en esta vida, así que me adentraré en la montaña profunda, me haré monje ermitaño, y me dedicaré solo a la práctica de la meditación zen».

Y así lo hizo, se construyó una ermita de paja cerca de la tumba de un antiguo maestro, en las altas montañas, y allí pasó sus días meditando. Un día, mientras estaba barriendo el camino, saltó un guijarro que golpeó una caña de bambú, produciendo un sonido seco, ¡clac! En ese momento despertó abruptamente a su naturaleza original, y lo expresó en las siguientes líneas:

Un ¡clac! Y todo se ha disuelto.
La lucha ha terminado.
Sigo la Vía ancestral
sin caer en la duda,
con una práctica digna,

más allá del sonido y la forma,
no queda rastro de mi paso.
Los que han mostrado el camino,
lo llaman la práctica suprema.

Presentó este poema a Guishan, que esta vez le dio su sincera aprobación.

Cuando eras un bebé, cuando no podías distinguir entre yo y el mundo, entre yo y los demás, entonces, ¿cómo era? Guishan apunta directamente a nuestra mente original, y pregunta «¿cómo era?». No hay textos ni comentarios que puedan explicarlo, solo puede ser transmitido cara a cara, de mente a mente, y es la propia práctica, la práctica suprema, lo que actualiza nuestra mente y hace aparecer la mente original, la que teníamos antes de nacer, antes incluso de que se conocieran nuestros padres.

Más allá de los opuestos

Aceptar todo lo que aparece en nuestra mente, sin juzgar y ser capaces de soltarlo, sin intención, nos sitúa más allá de si nos gusta o no nos gusta, de si nos produce bienestar o malestar, porque tratamos todas las cosas que aparecen por igual, de forma ecuánime. De la misma manera, cuando aparece una sensación, tanto si es placentera como dolorosa, la aceptamos y soltamos por igual. Y es precisamente el mantener esta actitud que no distingue los opuestos lo que permite a nuestro ser situarse más allá de la dualidad, más allá de lo justo y lo injusto, del bien y del mal, del cielo y del infierno, de la vida y la muerte. En definitiva, ponemos fin a la interminable lucha entre los opuestos, calmando nuestra mente y devolviéndole la paz interior, la paz original.

Transcender el ego

Un caso particular de la dualidad entre opuestos es la discriminación entre sujeto y objeto. Esta consiste en una proyección de nuestra percepción, que crea la ilusión del yo, apoyándose en la separación entre yo y los otros, entre lo que es mío y lo de los demás. Esta discriminación es la que sienta la base de la avidez, el querer siempre más para mí, y de ahí el surgimiento de la envidia y los celos, o el deseo de acumular compulsivamente.

En un nivel más sutil está la identificación con los pensamientos. Estos son mis pensamientos, y estos son los pensamientos de los demás. Cuando durante zazen aparece un pensamiento en nuestra mente, este es nuestro pensamiento, ¿o no lo es? Esta actitud de aceptar sin juzgar nos permite acoger los pensamientos sin identificarnos con ellos, sin añadirles importancia, y así dejarlos pasar pacíficamente.

Dogen dice que «el Zen es conocerse a uno mismo, conocerse a uno mismo es olvidarse de uno mismo». Desprenderse del ego es el camino hacia la liberación del sufrimiento. Cuando no hay quien sufre, el sufrimiento desaparece. Es volver a casa y encontrarse con Dios, con Buda, fundirse con el universo.

Vida y muerte

Transcender el ego es afrontar el gran asunto, la cuestión sobre la vida y la muerte: ¿quién era yo antes de nacer? ¿Quién soy yo ahora? ¿Quién seré yo después de la muerte? Estas cuestiones solo pueden comprenderse más allá del ego. Si hay un renacimiento, ¿qué es lo que renace? Las cuestiones sobre la vida y la muerte son la expresión de nuestra angustia existencial.

Zazen es la respuesta. Aunque no podamos expresarlo verbalmente, durante la meditación las preguntas se desvanecen.

La vacuidad de la existencia

Para entender lo que está pasando en nuestra mente durante la meditación, debemos introducir aquí el concepto de vacuidad. Según el budismo, los fenómenos y las existencias son vacuidad. El Sutra del Corazón dice: «Los fenómenos son vacuidad y la vacuidad son los fenómenos». Eso significa que están vacíos de cualquier sustancia elemental, desprovistos de un noúmeno que los haga existir por sí mismos. Si los fenómenos y los seres existen es solo por la interdependencia, y su existencia es impermanente y condicionada, no existen por sí mismos.

Veamos esto con un ejemplo. Tomemos como fenómeno la emoción de alegría y tristeza. Seguramente todos preferiríamos estar siempre alegres, porque nos sentimos mejor. Pero estaremos también de acuerdo en que si estuviésemos siempre alegres, sería difícil distinguir la alegría del estado neutro, de la normalidad de nuestra mente; de hecho, no podríamos percibirla, ni siquiera hubiéramos llegado a tener la noción de lo que es la alegría ni le habríamos puesto un nombre. Es decir, la alegría no existiría para nosotros.

Si podemos percibir la alegría es porque en otros momentos estamos tristes, o tenemos otras emociones, la percibimos por la interdependencia con otras emociones y estados de la mente. Y también, aunque parezca obvio, porque a veces la alegría está presente, y a veces no está presente en nuestra mente, es decir, porque es impermanente. Son precisamente estos dos aspectos, el existir por interdependencia y el ser impermanente, lo que nos indica que la alegría es insustancial, es vacuidad, no existe por sí misma.

¿Y por qué explicamos esto? Durante la meditación podemos percibir la vacuidad, la insustancialidad de las cosas. No es un ejercicio intelectual como el que acabamos de hacer ahora para entender el concepto de vacuidad, pero hay una cierta similitud.

En el Zen esta experiencia directa de visión de la vacuidad de las cosas se considera una sabiduría intuitiva, *prajna* en sánscrito. También se le llama el ojo que ve la verdadera naturaleza de las cosas, o el tesoro del ojo que ve la verdadera realidad, *shobogenzo* en japonés. Es una facultad de nuestro ser que puede producirse en cualquier momento, aunque desafortunadamente nuestra voluntad no baste para actualizarla.

Extinguir las causas de sufrimiento

La dinámica cuerpo-mente generada por la meditación es capaz de hacer surgir esta sabiduría, y cuando con esta sabiduría intuimos la vacuidad de un fenómeno, se produce un hecho transcendente: las causas de sufrimiento ligadas a este fenómeno se extinguen justo en el momento de intuir su vacuidad.

Por ejemplo, supongamos que se ha instalado en nosotros un sentimiento de tristeza, debido a una pérdida; o un sentimiento de ansiedad, debido a un estado de estrés; también podría tratarse simplemente de preocupaciones, de obsesiones, de deseos compulsivos, de sentimientos depresivos. Para el ejemplo nos vale cualquier sentimiento o estado mental que nos haga sufrir y que, a pesar de que intentamos superarlo, distrayéndonos con otras cosas, no podemos deshacernos de él.

Mientras meditamos, podemos intuir la vacuidad de esa tristeza o de esa ansiedad, y entonces sus causas asociadas de sufrimiento se extinguen, y al desaparecer las causas, esa tristeza, esa ansiedad, se diluye, se desvanece en la vacuidad, sin dejar trazas.

Y esto es tanto así como que lo podemos experimentar por nosotros mismos. En un retiro, o en una intensa sesión de meditación, podemos ver cómo algo que nos torturaba, que nos hacía sufrir enormemente, ha desaparecido de nuestra mente.

En el día a día puede ser más difícil percibir lo que sucede con cada sentimiento, con cada pensamiento, porque hay muchos, algunos pisándose entre ellos, y todos interrelacionados. Aun así, en las meditaciones de cada día también podemos darnos cuenta de que había una carga emocional o cierto sufrimiento antes de empezar la meditación, y cómo, al final de la meditación, buena parte de esta carga ha desaparecido. La explicación es la misma, aun sin darnos cuenta de todo, mientras meditamos hemos experimentado la vacuidad de los fenómenos de la mente, y eso nos ha liberado de sus causas de sufrimiento.

Desprenderse de viejos hábitos mentales

Así pues, como hemos visto, meditando podemos liberarnos del sufrimiento de lo que estamos viviendo en este momento. Pero si continuamos la práctica de la meditación con regularidad y perseverancia, podemos ir mucho más allá, podemos también desprendernos de una serie de hábitos mentales que se han instalado con los años en nuestra mente y que son los responsables de que estos sentimientos y preocupaciones que nos hacen sufrir crezcan y se fijen en nuestra mente.

Existen muchos hábitos mentales, y buena parte de ellos son lo que en el budismo se denomina *bonno*, ofuscaciones de la mente. Pero para no entrar ahora en demasiado detalle, pongamos como ejemplo unos hábitos mentales de los más comunes.

Existe el hábito de proyectar excesivamente el pensamiento hacia el pasado, darle muchas vueltas a lo que nos han dicho, y cómo nos lo han dicho; a lo que hemos hecho, y cómo lo hemos hecho... A la vez, cada vez que lo recordamos, exageramos nuestra concepción de lo que ha pasado. De manera que acabamos teniendo una visión deformada del pasado.

Lo mismo sucede con el hábito de proyectar excesivamente el pensamiento hacia el futuro, preocupándonos por nuestra subsistencia y la de las personas que queremos, por nuestras relaciones laborales y personales, y a la vez, exagerando las posibles amenazas cada vez que pensamos en ellas. De manera que al final también acabamos teniendo una visión distorsionada del futuro. Y justamente, las visiones distorsionadas de la realidad son causa de miedos, ansiedad, estrés, depresión, obsesiones y todo tipo de sentimientos que nos producen malestar y sufrimiento.

¿Qué podemos hacer para remediarlo? ¿En qué nos puede ayudar la meditación? La meditación consiste precisamente en desprenderse de todos estos viejos hábitos. La dinámica que se establece entre el cuerpo y la mente pone la mente a funcionar de una manera que no genera sufrimiento, en lo que antes hemos llamado su manera de funcionar original. Y si durante la meditación se actualiza nuestra mente original, cuando la meditación sea un hábito enraizado en nosotros también se actualizará en cualquier momento de nuestra vida cotidiana.

La mayor parte del sufrimiento durante nuestra vida lo genera la propia mente a partir de estos hábitos mentales y condicionamientos. Si somos capaces de desprendernos de ellos, seremos capaces de liberarnos de nuestro sufrimiento y también de liberar a las personas de nuestro entorno que reciben nuestra influencia.

Si ya somos buda, ¿por qué meditar?

Estamos diciendo que con la meditación podemos actualizar una manera de funcionar de la mente original, que esa manera de funcionar está siempre presente, y que la podemos actualizar en cualquier momento. Y entonces nos surge la pregunta: ¿por qué meditar? ¿Por qué no actualizar la mente directamente, sin necesidad de la meditación?

Esta no es una pregunta trivial, es una cuestión de fondo en el budismo. El maestro Dogen viajó del Japón a China tratando de buscar respuesta a esta pregunta. «Si ya somos buda, ¿por qué practicar zazen?», pregunta que se recoge también en esta conocida historia o koan:

El maestro zen Hotetsu, sentado en las escaleras de la entrada del templo, se estaba abanicando. Un joven monje le preguntó: «Si la naturaleza del viento está siempre presente, y no hay ningún lugar donde no pueda llegar, ¿por qué, maestro, utilizas un abanico?». El maestro le respondió: «Tú solo sabes que la naturaleza del viento está siempre presente, pero aún no comprendes qué significa que no hay ningún lugar al que no pueda llegar». El monje le dijo: «¿Y qué significa que no hay ningún lugar al que la naturaleza del viento no puede llegar?». Como única respuesta, el maestro continuó abanicándose, y el monje se prosternó respetuosamente.

En esta bonita historia, el viento representa nuestra mente original y el gesto de abanicarse simboliza la práctica de la meditación. La pregunta del monje es muy aguda, pero más aún la respuesta del maestro. ¿Qué significa que no hay ningún lugar al que la naturaleza del viento no puede llegar? ¿Qué significa que no hay ningún fenómeno con el que no funcione la mente original? La única respuesta es la práctica de la meditación, por eso el maestro se abanica en silencio.

Pero esta cuestión no termina aquí. En realidad, es un obstáculo en el que se estancan muchos practicantes veteranos. Si sentarse es Zen, si caminar es Zen, si hablar es Zen, si cuidar de los demás es Zen, si trabajar es Zen, ¿por qué no practicar el Zen en las actividades de nuestra vida cotidiana, sin necesidad de meditar más, sin dedicarle un tiempo específico?

El maestro abanicándose nos da la respuesta. Solo con la práctica de la meditación podemos actualizar nuestra mente original en todos los diferentes fenómenos. No deberíamos olvidarlo nunca, solo así podremos llegar a comprender la naturaleza de todos los fenómenos, del universo entero, aquí y ahora. De lo contrario, el despertar es solo una ilusión.

La fugaz claridad

La práctica de la meditación clarifica la mente, es algo que todos sabemos y podemos experimentar por nosotros mismos. Pero no deberíamos esperar que siempre sea así, porque si no, cuando no podamos encontrar esta claridad nos frustraremos, creeremos que la meditación no está funcionando, o algo así. Debemos tener claro que la meditación no consiste en vaciar la mente, sino en dejar pasar los pensamientos. ¿Que muchas veces, durante y después de la meditación, podemos ver las cosas con mucha mayor claridad? Fantástico, pero no hay que convertir esa claridad en el objetivo de la meditación. Porque la claridad, al fin y al cabo, es un estado de la mente, y como todos los estados de la mente, es fugaz, impermanente.

Muchas veces se explica lo que ocurre en la mente durante la meditación con el ejemplo de un estanque o de un vaso de agua turbia. Si la dejamos reposar, deposita los sólidos disueltos en el fondo, formando un poso, y el agua se vuelve transparente. Efectivamente, la mente se calma y se clarifica durante la meditación, tal como nos ilustra este ejemplo. Pero no debemos dejar que esta imagen nos haga creer que en nuestra mente existe algo así como una mente pura y transparente que se puede separar de los fenómenos.

La mente no puede separarse de los fenómenos. Los fenómenos son mente y la mente es fenómenos. Buscar una mente pura separada de los fenómenos nos puede llevar a aislarnos de los fenómenos y del mundo que nos rodea, incluso a rechazar a los demás, a los que no son puros, buscando una quimera, un ideal, algo que en realidad no existe. Y este es también un error frecuente entre los meditadores, buscar una calma, una claridad, una pureza a la que parece posible llegar si proyectamos al límite nuestras experiencias meditativas, pero que en realidad no es más que una idea, una tendencia hacia algo que, en términos absolutos, no existe.

Muchas personas, después de experimentar la meditación se quejan de que no pueden parar los pensamientos, expresan su frustración por no haber conseguido calmar su mente y dejar de tener pensamientos. No se trata de eliminar los pensamientos, se trata solo de dejarlos pasar. Los pensamientos aparecen por las cosas que hemos pensado, dicho o hecho durante el día de hoy, o en un pasado más o menos lejano. Es natural que aparezcan, no podemos ni debemos impedirlo con nuestra voluntad. No debemos buscar ni esperar la claridad, ese no es el objetivo de la meditación.

5. Cultivar la mente

Manjushri le dijo una vez a Sudhana delante de toda la asamblea: «Sal fuera y tráeme una hierba medicinal». Sudhana salió, miró la gran tierra y no vio nada que no fuera medicina. Volvió con Manjushri, y le dijo: «La tierra entera es una gran medicina, ¿qué hierba quieres que traiga?». Manjushri insistió: «Tráeme una hoja de hierba». Sudhana volvió a salir y arrancó una hoja de hierba y se la entregó. Manjushri levantó la hoja y dijo: «Esta hoja de hierba puede devolver la vida a una persona». Guardó un breve silencio y volvió a alzar la misma hoja diciendo: «Esta hoja de hierba puede quitar la vida a una persona».

Actitud abierta y receptiva

Hemos visto que no podemos imponer voluntariamente la calma, ni la claridad de la mente, igual que para dormirnos no nos basta con desearlo. Podemos crear unas condiciones favorables, y esperar hasta caer dormidos. Lo mismo pasa con la meditación, no podemos forzarla voluntariamente, no podemos imponerla, solo podemos crear unas condiciones, solo podemos cultivar la mente para que la meditación se produzca.

Las condiciones óptimas para la meditación las podemos crear cultivando una actitud. No podemos cambiar el hecho de que nuestra mente esté fatigada, o muy activa, ni el de que estemos tristes, o alegres, no podemos cambiar nuestra mente para la meditación. Pero sí podemos cultivar una serie de actitudes que nos ayudarán a desarrollar la meditación.

Lo primero es tener una actitud abierta y receptiva. Meditar es mucho más que seguir una receta o unas instrucciones, y debemos estar atentos, observando todo lo que pasa sin esperar nada, sin esperar llegar a ningún nivel, a ningún estado mental, a ninguna conciencia especial.

No debemos tampoco tomar partido, ni a favor ni en contra de la meditación. Es tan dañino estar pensando en contra, «esto no funciona», «aquí no pasa nada», «nunca lo conseguiré», como estar pensando a favor, «esto será maravilloso», «ya estoy notando sus efectos», «qué bien me va meditar». Lo mejor es mantener una actitud más ecuánime y confiada.

No juzgar

Una de las actitudes fundamentales en la meditación es no juzgar, asumir un papel de testigo imparcial de nuestra experiencia, como un observador distante que lo contempla todo sin interferir en ello.

Entonces podemos darnos cuenta de cómo nuestro juicio y nuestras opiniones van de un extremo a otro. Tan pronto nos parece que la meditación está yendo muy bien, que nos estamos concentrando mucho, como de repente pensamos que está yendo todo mal, que no hay quien se concentre. Este es un hábito de la mente, que nos hace ir arriba y abajo como un yoyó, ahora nos está gustando, lo pasamos bien, nos venimos arriba, algo no nos gusta, ya no es tan divertido, nos aburrimos, nos venimos abajo.

Este ir y venir de un extremo a otro, sin apenas observar los estados neutros, es una forma de calibrar la experiencia, de contraposición entre los extremos, que surge precisamente de nuestra intención de valorar la experiencia. Si abandonamos toda intención de valorar y juzgar no se activará el péndulo calibrador que nos lleva de un extremo al otro.

A la vez, no debemos tampoco caer en el bucle infinito de juzgarnos por estar juzgando. Si, como observadores, nos damos cuenta de que estamos juzgando, debemos ser capaces de aceptar eso sin juzgarlo a su vez; al fin y al cabo, es natural juzgar y valorar las cosas, bastará con darnos cuenta de que estamos juzgando, sin añadir más interés, más intención.

La paciencia

La paciencia es la virtud de los santos, es la sabiduría de saber que cada cosa tiene su momento, y que lo que tiene que llegar llegará; ¿por qué deberíamos preocuparnos antes inútilmente?

La meditación requiere paciencia, mucha paciencia. Debemos seguir meditando aun cuando no seamos capaces de ver ningún resultado en lo que hacemos. Debemos ejercitar la paciencia cuando encontramos dificultades físicas para mantener la postura de meditación. Cuando empiezan a doler las rodillas o la espalda no es el momento de abandonar, sino de perseverar.

Tampoco debemos perder la paciencia si nos parece que no nos podemos concentrar, que no dejamos de pensar, de ir de un pensamiento a otro. Paciencia para aceptar sea cual sea el estado de nuestra mente. Cultivar la paciencia es tratar de no estar todo el rato pensando en el tiempo que falta, en cuándo terminará la meditación.

Mente de principiante

Una de las maneras de definir la actitud que mejor nos prepara para la meditación es la mente de principiante. A menudo, todo lo que sabemos es precisamente lo que nos impide ver las cosas tal como son. Así, cuando el maestro nos da un consejo, lo comparamos con lo que ya sabemos, lo contrastamos, y si coincide con nuestra opinión, nos parece una buena idea; pero si no concuerda con nuestra opinión, entonces ponemos en duda las palabras del maestro y se nos olvida seguir su consejo, mientras que los principiantes ya lo han hecho sin titubear.

La mente de principiante es saber verlo todo como si fuera la primera vez, sin el velo de nuestras ideas y prejuicios, disfrutar lo que nos da el momento presente. Ningún momento es igual a otro, cada instante es una efímera maravilla, que solo podemos vivir ahora.

El maestro Shunryu Suzuki decía: «En la mente del principiante hay todas las posibilidades, en la mente del experto hay muy pocas».

Confiar

Confiar en la práctica que estamos haciendo, confiar en nuestra capacidad de realizarla, confiar en el maestro y los enseñantes, confiar y tener fe, es una actitud que rompe todos los obstáculos. Cuando nos encontramos frente a un muro de piedra, sin poder avanzar, de nada sirve golpear la piedra, ni lamentarnos. La fe puede convertir una montaña de roca en una suave neblina. Un antiguo maestro zen dijo: «Cuando llegues al final de un mástil de diez metros, da un paso más».

Confiar también en la sabiduría de nuestro cuerpo, en su intuición, sin confundirla con los impulsos volitivos. En la meditación hay muchos que tratan de hacerlo todo con su voluntad, siguiendo meticulosamente las instrucciones, ahora controlo la posición de los hombros, ahora la de las manos, ahora espiro, ahora inspiro, meditan siguiendo el dictado de las órdenes que emite su mente discriminativa. El resultado de esto es una meditación excesivamente controlada, y enseguida aparecen dificultades con la respiración, y ansiedad por el exceso de control.

Debemos confiar en el cuerpo. Nuestro cerebro tiene neuronas dedicadas a la motricidad del cuerpo, capaces de realizar gestos completos. Como describe Rizzolatti,[2] el gesto aparentemente tan simple de coger una taza de café con la mano se puede convertir en un movimiento muy complejo si tratamos de realizarlo moviendo nuestro brazo como un autómata y dándole, una por una, todas las instrucciones necesarias: mover el brazo para acercar la mano a la taza, girar la muñeca hasta

2. Giacomo Rizzolatti; Corrado Sinigaglia, *Las neuronas espejo: los mecanismos de la empatía emocional*, Paidós, 2006.

encontrar la orientación adecuada, acercar los dedos al asa hasta una distancia adecuada, prensar con los dedos pulgar e índice, y aún nos queda llevarnos la taza a la boca sin derramar el líquido. Este movimiento tan simple de llevarnos una taza de café a la boca, que nuestro cerebro motriz puede dirigir sin la participación apenas de nuestra mente racional, resulta una tarea complicadísima si tratamos de controlar racionalmente todos los movimientos, instrucción por instrucción.

Eso mismo pasa durante la meditación. Si tratamos de controlarlo todo con el pensamiento, se vuelve todo muy complejo. En cambio, si confiamos en nuestro cerebro motriz, si confiamos en nuestro cuerpo, la meditación se realiza por sí misma, ya no somos nosotros, sino que es zazen quien hace zazen.

El Buda era una persona muy empírica. Como en la ciencia, eso significa confiar en la experiencia de lo que vivimos con la práctica. A veces se da el caso de personas que, después de haber vivido una experiencia sublime con la práctica de la meditación zen, se les olvida. Escuchan otras opiniones, otras interpretaciones, y acaban dudando de lo que ellos mismos han vivido, cambiándolo por ideas de otros, que quizás nunca lleguen a convertirse en una vivencia. Igual que los científicos, deberíamos confiar en lo que hemos experimentado por nosotros mismos. Lo que experimentamos en la meditación es la realidad, lo que describen las palabras son ideas.

Aceptar

Como ya hemos visto cuando hablábamos de la manera de funcionar original, aceptar sin juzgar es uno de los polos del círculo virtuoso de la mente libre de sufrimiento. Aceptar significa aceptar todo por igual, aceptar nuestras circunstancias actuales, nuestra salud, nuestros sentimientos y emociones, sin intención de cambiarlos.

No hay que confundirlo con la resignación. La aceptación no significa que renunciemos a cambiar las condiciones de nuestro entorno, estamos hablando de una cuestión de actitud. De entrada, hay que aceptar todas las circunstancias, sin negarlas, sin ignorarlas, para poder percibir la realidad tal como es.

Al contrario, la no aceptación, el negacionismo, nos empuja a reaccionar impulsivamente, cegados por las emociones de rabia y de miedo, sin poder ver con claridad la verdadera realidad. La no aceptación de la realidad nos hace actuar con torpeza.

La aceptación clarifica nuestra visión y nos permite actuar con sabiduría. Una vez hemos aceptado nuestro estado de salud, nuestro estado de ánimo, nuestras emociones y cualquier situación nueva que se presente, estamos preparados para dar lo mejor de nosotros en la acción. Y así es cómo debemos proceder durante la meditación.

Soltar sin intención

Soltar sin intención es el segundo de los polos del círculo virtuoso de la mente original, soltar es no seguir los pensamientos, no adherirse a los pensamientos ni identificarse con ellos ni con las emociones. Pero es importante que este soltar la presa sea sin intención, porque si hay intención se trata de rechazo, y rechazar no es soltar. Soltar no es rechazar los pensamientos, ni escapar de las sensaciones, ni evitar las emociones, porque en el rechazo hay un acto volitivo que nos lanza de nuevo al círculo del sufrimiento.

En la India y también en África, los hombres utilizan una trampa muy curiosa para cazar monos. Atan firmemente al suelo un coco vacío que tiene una pequeña hendidura, y en su interior depositan una fruta. La hendidura es lo suficientemente pequeña para que la mano del mono pueda entrar pero que, una vez agarrada la fruta, no pueda salir. De esta forma, el mono queda atrapado a la fruta, el cazador se acerca y le echa una red o un lazo. Aunque el mono vea acercarse al cazador, no es capaz de soltar la fruta para liberarse de la trampa, se queda fuertemente agarrado a ella, sin soltar la presa, y pierde así su libertad, y quizás también su vida.

Puede encontrarse fácilmente algún vídeo acerca de esto en la red. Da lástima ver cómo el mono queda atrapado, y uno piensa: ¿y por qué no suelta la fruta? Pero si reflexionamos un poco, nos daremos cuenta de que seguramente más de una vez también nosotros nos hemos quedado atrapados, sin poder soltar. Aunque en el caso de los humanos, en lugar de un coco, la presa sea algo más sutil: ¿una opinión?, ¿una idea?, ¿la imagen que queremos dar de nosotros mismos? Sea como sea, la actitud es la misma, quedamos igualmente atrapados porque no podemos soltar.

Determinación

Un antiguo texto zen empieza diciendo: «La Vía no es fácil, ni difícil; basta con no escoger, ni rechazar».[3] Así es también la

3. El *Shin Jin Mei,* del maestro chino Sosan.

práctica de la meditación: la meditación no es fácil, ni difícil, basta con no escoger, ni rechazar.

No es fácil: no es algo que vaya a salir adelante sin gran determinación, compromiso y autodisciplina. Si nos proponemos seguir una rutina de meditación, vamos a tener que superar muchos obstáculos. Obstáculos corporales, como alguna incomodidad física en las piernas. Obstáculos mentales de todo tipo, como dudar si no habrá una manera más fácil de hacerlo, o por qué hacerlo de esta manera, y no de esa otra. Otros días, el obstáculo será que tenemos sueño, o hambre, o que estamos fatigados, o emocionalmente alterados. Y por supuesto, los compromisos, compromisos de todo tipo, compromisos laborales, una reunión que no se termina, un informe para mañana, tomar algo con los compañeros, o compromisos con la familia, la pareja, los hijos. Nuestra vida social es un entramado de compromisos, en el que muchas veces quedamos atrapados como un insecto en una tela de araña. Y por si fuera poco, están también los imprevistos, un encargo a última hora, un atasco de tráfico, una llamada imprevista, un olvido, un accidente.

La lista de obstáculos que se van a interponer en nuestra vía de meditación serán tan numerosos que no cabrían en las páginas de este libro. Es mejor tenerlo claro desde el principio: la meditación no es una vía fácil, requiere una gran determinación, muchas personas lo intentan, pero muy pocas consiguen mantenerse en el apacible y a la vez arduo camino de la felicidad.

6. *Rutina de meditación*

Establecer una rutina de práctica de zazen

Para que la meditación surta su efecto, para que pueda ayudarnos a desprendernos de los viejos hábitos mentales, debe convertirse a su vez en un hábito integrado en nuestra vida, como lo es cepillarnos los dientes o ducharnos. En cierto modo es una higiene del cuerpo-mente. Al principio puede suponer algún esfuerzo, pero una vez la meditación se convierte en hábito, el esfuerzo es mínimo, incluso notaremos que nuestro cuerpo nos lo pide, que nuestra mente la extraña cuando, por un motivo u otro, pasamos algunos días sin esa intimidad con nosotros mismos.

Establecer una rutina de práctica de la meditación puede abordarse de una forma metódica y sistemática, y es mucho más efectiva. Existe también la posibilidad de realizar la meditación solo cuando nos apetece, siguiendo nuestros impulsos, lo que algunos llaman «escuchar nuestro cuerpo». Pero lo único que se escucha es el propio ego, que es precisamente el cúmulo de condicionantes y hábitos mentales de los que queremos desprendernos.

Para poder realmente «escuchar el propio cuerpo», es preciso antes «abandonar el ego». De no ser así, no se escucha otra cosa que el ego, y puede resultar muy difícil distinguir entre uno y otro, es como un ojo que quiere verse a sí mismo. Para no caer en esta trampa, es mejor desvincular la decisión de practicar de nuestra voluntad del momento.

Nuestra voluntad interviene en hacer la rutina de meditación que consideramos adecuada para nosotros, a ser posible aconsejados por un maestro de meditación. Pero una vez hemos establecido la rutina que hemos decidido nosotros mismos, la mantenemos sin cambiarla en función de las circunstancias.

Por ejemplo, si decidimos hacer meditación el martes y el jueves por la noche, o decidimos hacer meditación cada mañana al levantarnos, cuando llegue el momento que nosotros mismos hemos fijado, debemos saber abandonar todas las cosas para realizar la práctica.

Aparecerán miles de inconvenientes, «hoy estoy muy fatigado», «tengo que terminar este informe», «duermo un poquito más», «no puedo faltar a este compromiso», «el cuerpo me pide otra cosa», etc. Y si cedemos a estos miles de obstáculos que aparecerán, nunca llegaremos a instaurar el hábito de la meditación ni a beneficiarnos de sus indiscutibles efectos a largo plazo.

Por el contrario, si somos capaces de dejar pasar todos estos obstáculos que aparecerán, especialmente al principio, una vez instalado el hábito, una vez reorganizada nuestra vida integrando este momento de introspección, las cosas se irán volviendo más fáciles, y la rutina de la meditación será un camino llano.

Encontrar el equilibrio

Para ello será importante que sepamos encontrar un equilibrio entre nuestra actividad meditativa y nuestra salud, nuestros compromisos y obligaciones, que además van cambiando con el tiempo, y que deberemos ir ajustando. En cualquier caso, si pasamos por una época de exceso de trabajo o con muchas obligaciones familiares, siempre será bueno mantener una llama encendida, aunque sea una práctica de cinco minutos al día, que podremos volver a ampliar cuando las cosas vuelvan a su cauce.

No cortar nunca del todo, mantener la práctica viva, es mucho más efectivo que practicar a trompicones. Hay personas que practican una vez al año, haciendo un retiro en verano, y el resto del año se olvidan de la práctica. El maestro Deshimaru llamaba a estas personas verduras de temporada. De esta forma es difícil hacer llegar la práctica a todos los momentos de la vida cotidiana. Como decía el maestro Hotei, comprender que no hay ningún lugar al que no pueda llegar.

Así que cada uno de nosotros, según nuestra condición física, entrenamiento, estado de salud y compromisos sociales, tendrá que escoger una rutina de práctica, que no debe ser demasiado exigente para nuestras condiciones, ni demasiado laxa. Si nos proponemos demasiado, si acabamos de empezar y queremos meditar dos veces al día una hora seguida, puede que el cuerpo-mente se sature, lo que nosotros llamamos un rebote, o rechazo, y ese rebote haga aparecer unas emociones y unos sentimientos tan intensos que no podamos manejarlos en aquel momento, y que nos empujen a abandonar la práctica.

Por otro lado, si somos demasiado laxos en la rutina de meditación, el cuerpo-mente se acomodará demasiado, los condicionantes del ego, lejos de disminuir, simplemente cambiarán de forma, y finalmente, una práctica de la meditación demasiado laxa nos conducirá a un estado de apatía, los beneficios de la meditación serán escasos, incluso nulos. Así que deberemos encontrar ese punto de equilibrio. Lo mejor es compartir nuestra rutina con un maestro de meditación, lo que nos ayudará a encontrar un punto medio que no esté completamente condicionado por nuestro ego.

¿Practicar zazen solos o en grupo?

Cuando nos proponemos establecer nuestra rutina de meditación, esta es una de las cuestiones que nos planteamos: ¿tenemos que desplazarnos hasta un centro de meditación para practicar con desconocidos? ¿No es mejor hacerlo en casa siguiendo unas instrucciones o un audio? Pero honestamente las preguntas que deberíamos hacernos, son: ¿la experiencia es la misma cuando medito solo que cuando medito en grupo? ¿Puedo alcanzar los mismos niveles de concentración solo que en grupo? ¿Para aprender meditación es suficiente con seguir unas instrucciones de libros, audios o vídeos?

Empecemos por esta última. Igual que la meditación, hay muchas cosas que no basta con unas instrucciones para aprenderlas. En la cocina, por ejemplo, podemos preparar un plato a partir de una receta, pero se da por hecho que ya sabemos cocinar, ya sabemos cómo se manipulan los alimentos, cómo se cortan las verduras, cómo se usan los utensilios, eso no lo explican las recetas, cada uno de nosotros lo ha aprendido de sus padres, abuelos, amigos o parejas, y muchas de estas cosas las hemos aprendido por pura imitación.

Nos dicen: «Mira, las patatas se cortan así», y nos lo muestran; entonces tratamos de imitar lo que hemos visto, y puede que nos digan: «Un poco más delgadas», «cuidado con los dedos». A partir de la imitación, y de la interacción cara a cara, podemos aprender muy rápidamente gestos muy complejos.

Supongamos que somos nosotros quienes tenemos que enseñarle a alguien que no ha entrado nunca en una cocina, ni ha visto nunca un cuchillo, a lavar una patata, usar el afilado cuchillo, pelarla y cortarla en cuadritos. Para enseñarle nos apoyaremos en su imitación de nuestros gestos, es decir, en sus neuronas espejo, capaces de aprender directamente los gestos que realizan otros individuos y luego reproducirlos, sin necesidad de pasar por instrucciones verbales en nuestro cerebro.

Primero le mostramos cómo se hace, luego lo hacemos los dos a la vez, y corregiremos los aspectos que no ha pillado a la primera. En poco más de diez minutos tendremos a un eficiente cortador de patatas.

Ahora tratemos de verbalizar todas las instrucciones necesarias para pelar y cortar las patatas de la manera que precisa el plato, para que una persona que no ha entrado nunca en una cocina, ni usado un cuchillo, corte las patatas de la misma manera, sin más apoyo que estas instrucciones escritas. ¿Cuánto tiempo tardaremos nosotros en explicarlo y él en aprenderlo? ¿Pondríamos la mano en el fuego de que el resultado va a ser el mismo? ¿No hay incluso más riesgo de que se corte con el cuchillo?

Con la meditación pasa algo parecido, las instrucciones no son suficientes para saber cómo hacer la meditación; si tuviéramos que describirlo todo, sería ilegible de tan extenso y complejo, y siempre quedarían aspectos sin cubrir. Mientras que, si practicamos la meditación junto a otros, lo aprendemos casi sin esfuerzo, por mimetismo y empatía.

Algunos pensarán, «entonces, si de lo que se trata es de verlo, también vale visionar un vídeo». De acuerdo, eso puede que sirva para aprender a pelar patatas, pero si miramos un vídeo de una persona sentada meditando, ¿qué es lo que veremos? Los aspectos más importantes de la meditación no son captados por la cámara, como tampoco los describen las palabras. Sea cual sea el medio de reproducción que usemos, nunca será capaz de transmitir lo que se transmite cara a cara, de presencia a presencia.

Eso no quita que podamos dar nuestros primeros pasos de forma autodidacta, pero si nos vamos a tomar la meditación seriamente, lo mejor es aprenderla de un maestro o de un instructor calificado, y de manera presencial, aunque sea unas pocas veces al principio. Si finalmente seguimos meditando, será conveniente mantener contacto con el grupo y con el maestro, ya que meditar es como esculpir un trozo de madera en bruto, sacando la forma que hay en ella. Como hacía el gran escultor Miguel Ángel, que no creaba una forma en la piedra, sino que solo sacaba lo que le sobraba a esta, para dejar aparecer la figura que ya existía dentro.

Nos preguntábamos también si la experiencia de meditar solos o meditar en grupo es la misma, y para eso no hay mejor respuesta que probarlo uno mismo, no valen para nada razones y excusas. Si queremos apoyarnos en el método científico, hay que experimentar con la meditación y luego, si cabe, explicarlo.

La práctica de la meditación en solitario tiene su mayor obstáculo en la falta de motivación. Al principio estamos motivados por la novedad, pero después esta disminuye, y a medida que vamos repitiendo la meditación, llega un momento en que ni siquiera encontramos sentido a lo que estamos haciendo, y nos decimos a nosotros mismos, «¿qué sentido tiene meditar?». Es como encontrarnos ante un muro de cien metros de alto.

Si meditamos en grupo, con un buen maestro, es mucho más fácil motivarse, porque se crea una atmósfera de silencio y concentración que nos ayuda a estar inmóviles y concentrados durante un largo periodo de tiempo. Es fácil de entender: si la persona que está a nuestro lado se está quieta, nosotros también, por pura empatía.

Pero aún hay más, meditando solos es casi imposible trascender los condicionantes del ego, porque es nuestro ego el que dirige la meditación. Por el contrario, cuando meditamos juntos, se crean muchas condiciones, hasta en los detalles más pequeños, que nos permiten ir más allá del ego. A veces son cosas tan insignificantes como tolerar alguna molestia causada por un compañero, uno que tose, otro que se mueve, o quizás un principiante que nos pide ayuda. Son pequeñas cosas que hacen que aunque solo sea por un momento nos olvidemos de nosotros mismos. Aceptar a los demás tal como son es una oportunidad para la liberación.

¿Y qué hacemos si no hay ningún grupo cerca de donde vivimos? Tenemos entonces que encontrar un término medio. Podemos ir practicando en casa, y de vez en cuando acercarnos a un centro o a un grupo, para pasar una jornada o un fin de semana con ellos. Cada vez que nos juntemos con ellos, tendrá un efecto revitalizador para nuestra práctica y nos ayudará a volver a empezar llenos de energía.

¿Y si el problema es que tenemos muchos compromisos y que estamos muy ocupados? Bien, en primer lugar lo de tener compromisos y estar ocupado es algo relativo, que depende de las prioridades que ponemos en nuestra vida. Si tenemos todas las tardes ocupadas es porque hay otras cosas a las que damos más prioridad que a la meditación. Si no vamos a cambiar esa prioridad, no sirve de nada lamentarnos.

Pero si el problema es una incompatibilidad de horarios, como en el caso de vivir alejados, entonces es suficiente practicar con el grupo de vez en cuando y seguir desarrollando nuestra práctica particular.

¿Meditar por la mañana o por la tarde?

Esa es una pregunta frecuente: ¿qué es mejor, meditar por la mañana o por la tarde? La respuesta correcta es que lo mejor es meditar por la mañana y por la tarde. Por la mañana salimos del sueño, y activamos la concentración serena, el *samadhi*, que nos acompañará durante todo el día; y por la noche, sube a la superficie de la conciencia todo lo sucedido durante el día, y podemos liberarnos de las preocupaciones y de las emociones que han hecho mella en nosotros, para ir a dormir con una mente más serena.

Meditar por la mañana y por la tarde tiene un efecto multiplicador, hace que los beneficios de la meditación nos alcancen todo el tiempo.

Pero, ¿qué ocurre si todavía no podemos dedicar tanto tiempo a la meditación, si solo podemos hacerlo o por la mañana o por la tarde? En ese caso, lo mejor es escoger según nuestros biorritmos; si somos noctámbulos, no es realista proponerse levantarse muy pronto por las mañanas, mejor meditar por la noche. Ya es difícil instaurar la rutina de meditación, no añadamos la dificultad de cambiar radicalmente nuestros horarios.

Pero si verdaderamente tanto nos da por la mañana como por la noche, entonces mi recomendación es meditar por las mañanas. Para establecer una rutina de meditación por la mañana solo hay que lidiar con el despertador, porque a esa hora todas las personas con las que nos relacionamos están dormidas y no interferirán en nuestra meditación. Por el contrario, por la noche siempre hay cosas que hacer, trabajos que terminar, familiares y amigos con los que relacionarse, programas de televisión, un sinfín de cosas que acabarán por hacernos desistir.

¿Podemos meditar si estamos cansados o tenemos muchos pensamientos?

Muchas personas piensan que para meditar uno tiene que estar relajado y tranquilo, y que si no es así, más vale no hacerlo. Gran error, no debemos condicionar la meditación a nuestro estado de ánimo o de actividad mental.

Si tenemos muchos pensamientos, meditamos con muchos pensamientos. La meditación no consiste en quedarse sin pensamientos, sino en dejarlos pasar. Si hay mucha actividad mental, puede que nos parezca más difícil, pero no por ello será menos efectivo que cuando tenemos pocos pensamientos.

Si estamos cansados o fatigados, o hemos dormido poco, también podemos meditar. En ese caso la dificultad será quedarse dormido, caer en el sopor, el ensueño.

Pero lo cierto es que, salvo que se esté enfermo con fiebre, o bajo los efectos de una sustancia que altere nuestra mente, como el alcohol, siempre podemos meditar. Eso nos ayudará a conocer desde la meditación todas las facetas de nuestra vida. Si no meditamos más que cuando estamos relajados, solo conoceremos nuestra mente en ese estado, y eso no nos servirá de mucho cuando aparezcan emociones intensas, o mucha actividad mental, en nuestra vida diaria.

Debemos aprender a meditar con todos los estados de la mente y con todos los sentimientos y emociones, solo así conseguiremos un conocimiento completo de nuestra mente.

Nuestra ermita

Crear un espacio para la meditación, nuestra pequeña ermita, nos facilitará enormemente esta actividad. Hacer la meditación siempre en el mismo sitio predispone el cuerpo a ello, solo por el hecho de sentarse en ese sitio. Puede ser al lado de la cama, o bajo la ventana, donde nos sintamos más cómodos, pero siempre en el mismo sitio, nuestro cuerpo es un animal de costumbres y, con solo sentarnos en ese espacio, el cuerpo ya sabrá lo que hay que hacer. Podemos quemar un poco de incienso. Y es importante asegurarse de que la habitación se haya ventilado bien, y que no haya corrientes de aire donde nos sentamos.

El control del tiempo es mejor delegarlo a un temporizador. Podemos descargarnos algunos app ambientados con sonidos de campana, o utilizar simplemente la función de temporizador, lo que evitará ir mirando el reloj todo el rato, o que el tiempo de la meditación dependa de nuestro albedrío. Eso dificultaría mantener la actitud correcta y caeríamos en el funcionamiento ordinario de la mente.

7. Postura de meditación

Importancia de la postura

Como hemos visto, la meditación es una práctica que pone en marcha una dinámica entre cuerpo y mente, desarrollando una concentración serena, el *samadhi*, y una sabiduría o visión penetrante, *prajna*, y de ella resulta un equilibrio del sistema cuerpo y mente unificados.

El punto clave está en cómo crear y mantener esa dinámica entre el cuerpo y la mente. Si para meditar utilizáramos solo la mente, si solo nos basáramos en seguir unas instrucciones con nuestra mente discriminativa, con nuestra voluntad controlándolo todo, sin dejar nada al cuerpo, entonces hablaríamos de una dinámica mente-mente, no le podríamos llamar meditación porque apenas diferiría de los bucles mente-mente en los que quedamos atrapados a menudo, como con los deseos compulsivos, las preocupaciones, las obsesiones, la ansiedad y los pensamientos depresivos, bucles que producen sufrimiento psíquico.

La meditación, precisamente, es una dinámica, una manera de funcionar, que rompe estos bucles. Pero para ello es imprescindible salir del círculo mente-mente. Solo podemos cortar con los bucles mentales si ponemos en marcha círculos mente-cuerpo. La mente influencia el cuerpo y el cuerpo influencia la mente, hasta llegar a una comunión entre ambos utilizando el nexo común de la respiración.

Lo que parece más fácil es poner la mente sobre el cuerpo. Controlar los movimientos del cuerpo, concentrarnos y poner atención en el cuerpo y las sensaciones es algo sencillo. Más difícil es sostenerlo en el tiempo, eso ya requiere un esfuerzo por nuestra parte. Y con el tiempo, la energía acaba por agotarse y no podemos seguir esforzándonos.

Pero, ¿cómo entra el cuerpo en esta dinámica? ¿Cómo actúa el cuerpo sobre la mente? Aquí es donde entra en juego la postura del cuerpo. En la meditación, la postura puede crear en la mente unas condiciones que cierran el círculo de la dinámica.

Si estamos sanos y practicamos la meditación tumbados en la cama, la escasez de sensaciones internas, junto con la laxitud de la postura, nos harán entrar fácilmente en un estado de sopor que dificultará mantener la vigilia de la meditación.

Por el contrario, sentados en el suelo con las piernas cruzadas, la postura de zazen, nos aporta algunas condiciones que causarán la aparición de un estado de vigilia. Este estado nos permitirá realizar una visión introspectiva de nuestro ser.

Hay muchas cosas que pueden decirse de lo que nos aporta la postura de zazen a nivel corporal. Presión sobre ciertos puntos del cuerpo que actúan como un masaje, relación con los chakras y meridianos, influencia en glándulas y órganos internos. Pero quizás lo más evidente es la influencia que tiene en nuestra columna vertebral. Al sentarnos correctamente en la postura de zazen, con la espalda erguida, la columna vertebral adopta una posición natural, con su curvatura lumbar y dorsal, en cuya posición se encuentra en equilibrio, libre de las tensiones que le producen las curvaturas forzadas. Al liberar las tensiones alrededor de la columna, se libera también la presión sobre la médula y el sistema nervioso central. Algo que podemos experimentar nosotros mismos, porque advertimos enseguida que una calma muy profunda inunda nuestro cuerpo.

La segunda condición que nos aporta esta postura, y que está también relacionada con la posición de la columna, es la de una respiración muy profunda. Arquear las lumbares hacia el interior y abrir los hombros hacia atrás hace que el abdomen quede relajado y se pueda producir una respiración abdominal, en la que podemos observar cómo el vientre se hincha durante la inspiración, y se deshincha durante la espiración, creando una ligera presión sobre la zona intestinal.

Finalmente, la tercera condición es la influencia de la postura sobre la concentración. Nos concentramos en mantener el equilibrio de la postura, pero si nos distraemos y perdemos la concentración, perdemos también el equilibrio. Nuestro sentido corporal del equilibrio nos puede avisar inmediatamente de ello y hacernos volver a la concentración. Si no nos damos cuenta de esta distracción a partir del sentido del equilibrio, no tardarán en aparecer sensaciones de incomodidad, incluso dolor, y esas sensaciones nos llevarán de vuelta a la concentración. Es así como se crea una dinámica de *feedback* entre la concentración y la postura, que retroalimenta la concentración, haciendo que se vuelva cada vez más y más intensa, ¡y que se sustente a sí misma!

Este sí que es un punto clave. ¡Una concentración que se sustenta a sí misma! Porque si tratamos de crear esta misma dinámica con otras posturas, por ejemplo, tumbados o sentados cómodamente en una silla, para mantener la concentración contaremos solo con nuestro esfuerzo, y nuestro esfuerzo consume energía psíquica, y la energía es limitada. Al cabo de un rato se acaba, y ya no podemos seguir esforzándonos, ya no podemos seguir concentrándonos, y ahí se acaba la meditación. Por el contrario, con la concentración autosostenida de la postura de zazen, podemos meditar durante horas, sin fatigarnos, ya que apenas precisa de nuestro esfuerzo.

Así es como la postura de zazen contribuye a crear el *samadhi*, la concentración serena. El *samadhi* es la base de trabajo durante la meditación, ya que nos permite ver en el interior de nuestra mente, como si de una lente se tratara, y ver toda nuestra actividad mental, sensaciones, emociones, pensamientos, con una nitidez y claridad fuera de lo habitual. Así podemos ir conociéndonos mejor a nosotros mismos, y percibir la naturaleza de nuestra mente.

Meditación zazen

Para esta meditación necesitamos un cojín de meditación o zafu, una esterilla o una manta, un reloj o temporizador, y un lugar tranquilo.

Para sentarse en el suelo, lo mejor es utilizar un cojín o zafu. Es fácil conseguirlos en tiendas *on line*, los hay de varias formas y rellenos. Recomendamos la forma redonda y el relleno de miraguano, una fibra natural que da elasticidad y firmeza al mismo tiempo.

Zafu redondo relleno de miraguano

Para el suelo sirve una esterilla o una manta de lana doblada. El suelo no debe ser duro y frío como el gres, ni demasiado blando, como sucede si nos sentamos en la cama. La dureza adecuada es una manta de lana doblada.

Postura sentada con las piernas cruzadas

Nos sentamos en el centro del cojín con las piernas cruzadas y las rodillas en el suelo. Al principio, podemos poner las piernas paralelas tratando de que las plantas de los pies miren hacia arriba.

En este punto tenemos que comprobar si las rodillas nos llegan al suelo, y si vamos a ser capaces de bascular la cadera hacia delante, arqueando las lumbares hacia el interior. En el caso de que no podamos arquear bien, podemos subir la altura del cojín poniendo debajo una toalla o ropa doblada. Una vez encontrada la altura del zafu que nos permite bascular, si aún no nos llegan las rodillas al suelo, podemos poner un soporte a modo de cuña para que las rodillas no queden en el aire. Una prenda de ropa doblada puede ayudarnos a apoyar la rodilla que no llega a tocar el suelo.

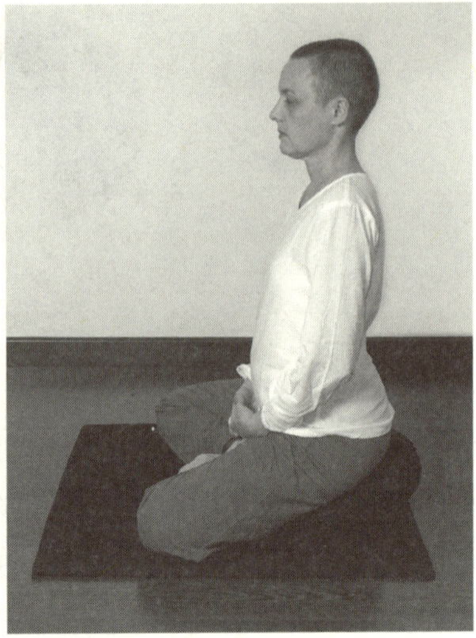

Postura de piernas cruzadas con los dos pies en el suelo

Si en esta postura de piernas cruzadas con los dos pies sobre el suelo estamos bien y nos sentimos cómodos, podemos tratar de subir el pie sobre la otra pierna, para conseguir una postura más fuerte y sólida. La primera opción es subir un pie sobre el tobillo del otro pie, de manera que el talón del pie que subimos quede centrado, alineado con el ombligo.

Si nuestra flexibilidad nos lo permite, también es posible subir un pie hasta el muslo, lo que se conoce como la postura de medio loto, o incluso los dos pies, la postura de loto completo. Pero lo más probable es que al principio solo podamos empezar con los dos pies en el suelo, o poniendo un pie sobre el tobillo. Estas posturas son más que suficientes para entrar en la dinámica de la meditación, ya que para entrar en ella debe haber un equilibrio entre la dificultad de la postura y nuestras habilidades.

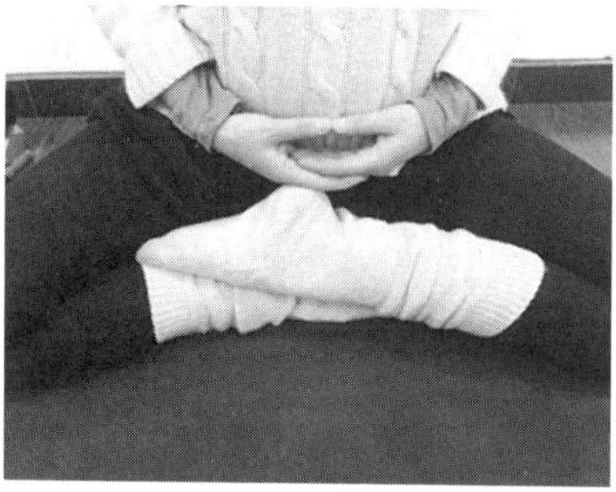

Pie sobre pie

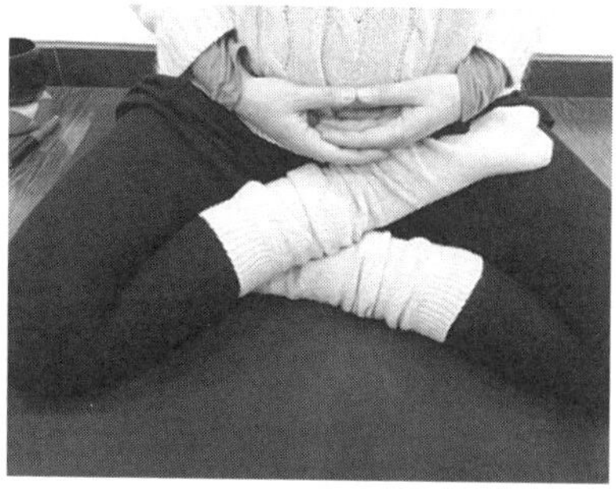

Pie sobre muslo (medio loto)

Si nos sentamos en una postura demasiado difícil para nosotros en este momento, si por ejemplo queremos forzar la postura del loto, a pesar de que desde el principio estamos muy incómodos, esta dificultad excesiva nos producirá ansiedad y nos hará odiar y temer la meditación. Así que no debemos forzar la postura, recordemos que lo importante es la dinámica que se crea, no la postura en sí misma.

Por otro lado, tampoco debemos sentarnos en una postura que nos resulte demasiado cómoda, que no nos represente ninguna dificultad en todo el tiempo que dure la meditación, ya que en ese caso no se producirá la dinámica que sustenta la concentración en el momento presente, nuestro esfuerzo por concentrarnos acabará por fatigarnos y nuestra mente se dispersará. Todo lo que no tengamos en dificultad física, lo tendremos en dificultad mental para dejar de seguir nuestros pensamientos.

Así que hay que saber encontrar un término medio. Y para ello insistimos de nuevo en la ayuda de un instructor o un maestro zen, para contrastar si la postura es la más adecuada para nosotros. En general, lo más recomendable es ir empezando de menos a más. Empezamos con los dos pies en el suelo, después de unas cuantas sesiones y, si todo va bien, subimos un pie sobre el otro pie. Podemos dejar pasar semanas o meses antes de meditar con el pie en el muslo. No hay que tener prisa en conseguir una postura más fuerte, excepto cuando la excesiva comodidad nos aburra y nos haga perder concentración.

Una vez sentados, prepararemos un temporizador para que suene, por ejemplo, al cabo de 30 o 45 minutos. Podemos usar el temporizador de un teléfono móvil. No olvidemos poner el dispositivo en modo avión para que los mensajes no nos interrumpan.

Arquitectura de la postura

Apoyando las rodillas en el suelo, o sobre un cojín de ropa, basculamos la cadera, arqueando suavemente las lumbares hacia el interior, y a partir de aquí la espalda sube recta. Abrimos los hombros, dejándolos caer ligeramente hacia atrás. De esta forma estamos construyendo la arquitectura de la postura, primero la base triangular sobre la que apoyamos todo el peso: las dos rodillas y el punto de la cadera —los isquiones— situado en el perineo, que presiona sobre el zafu.

El arqueo de las lumbares hacia el interior y el de los hombros hacia atrás es fundamental, porque estos dos arcos soportan el peso del cuerpo sin apenas fuerza muscular. Cuando, por el contrario, el arco de las lumbares está hacia atrás, ello nos obliga a crear tensiones abdominales para mantenernos erguidos, lo que dificulta la respiración. Lo mismo sucede con los hombros: si el arqueo es hacia delante, se crean tensiones que dificultan la inspiración completa.

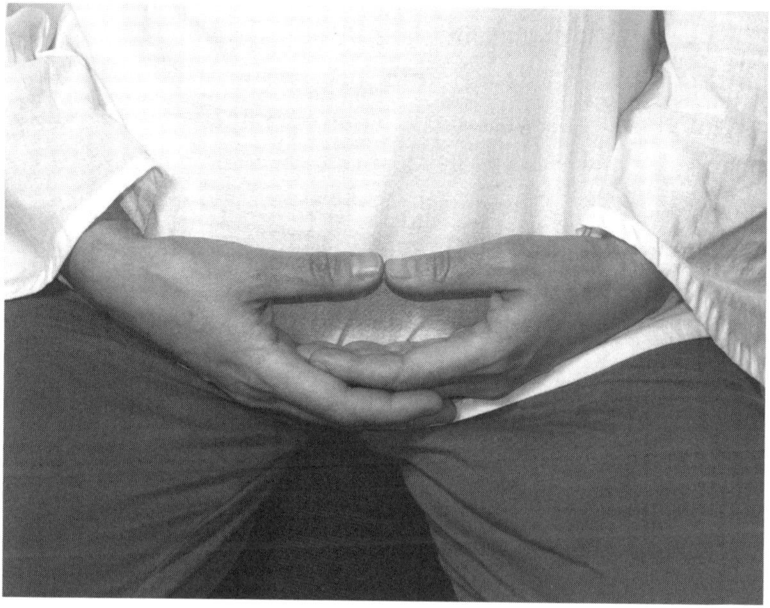

Posición de las manos

Como si de una catedral gótica se tratara, descargamos el peso de nuestro cuerpo sobre estos arcos, lo que nos permite liberar tensiones en tórax y abdomen, y alcanzar una respiración larga y profunda.

Una vez sentados con la espalda recta, y para encontrar la verticalidad, en el ritual zen se realiza un balanceo lateral. Con los puños sobre las rodillas, nos inclinamos lateralmente, estirando el costado lumbar, a la vez que espiramos, después hacia el otro lado, y realizamos este balanceo tres veces muy ampliamente y después vamos haciendo el balanceo cada vez más pequeño, tres o cuatro veces, hasta encontrar el centro. Una vez en el centro, juntamos las manos y nos inclinamos en gassho hacia delante.

Una vez con la espalda erguida, dejamos caer los brazos a los costados del cuerpo y ponemos la mano izquierda sobre la mano derecha, con los pulgares que se tocan suavemente por la punta, haciendo una forma oval. Las manos quedan en contacto con el vientre, y reposan sobre alguna parte del cuerpo o de la ropa.

Estiramos la nuca, entrando el mentón, y ponemos la punta de la lengua plana contra el paladar, cerca de los dientes. La boca está cerrada y la cara relajada, lo que dibuja una sonrisa sutil. Respiramos solo por la nariz. Al principio, respiramos dos o tres veces profundamente, y después dejamos que la respiración se produzca naturalmente.

Los ojos están entrecerrados, con la mirada puesta sobre la pared, en un ángulo de unos 45 grados. No están completamente cerrados ni completamente abiertos, dejamos una ligera rendija para que entren la luz y las formas. Los ojos están relajados, sin hacer ningún esfuerzo para enfocar sobre las formas de la pared. Decimos que la mirada está dirigida hacia el interior.

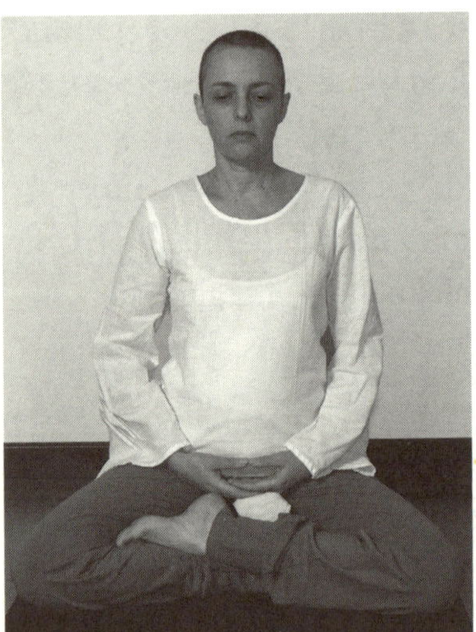
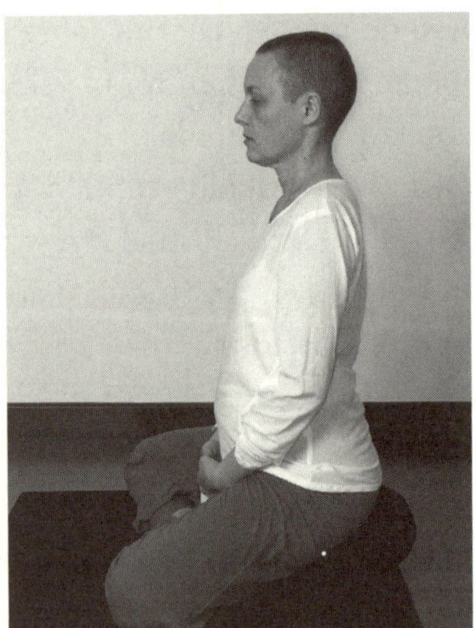

Inspiramos y espiramos tranquilamente, sin forzar la respiración, sin controlarla ni modificarla. Dejamos que fluya suavemente, y para mantener la postura en equilibrio, a cada espiración empujamos el suelo con las rodillas y el cielo con la coronilla. De esta forma se estira la columna vertebral. Con los hombros abiertos, cayendo ligeramente hacia atrás, y con la pelvis basculada hacia delante. Como hemos visto, esto es lo que permite arquear las lumbares y relajar el abdomen, para respirar larga y profundamente.

Y ahora es cuestión de simplemente sentarse, sin buscar ni esperar nada. Dejar pasar los pensamientos, sin juzgarlos, ni añadir nada, es como pensar sin pensar.

Salir de la postura de zazen

Para salir de la postura de zazen, después de hacer gassho, nos balanceamos lateralmente como hemos hecho antes, pero ahora de menor a mayor amplitud. Y deshacemos suavemente la postura con la ayuda de las manos.

Si se nos ha dormido un pie o una pierna, desharemos la postura con las manos. Es muy importante no ponerse de pie directamente con una pierna o un pie dormidos, ya que podemos lastimarnos. En lugar de ello lo que haremos es ponernos primero de rodillas sobre el suelo, y luego apoyarnos sobre el zafu para levantarnos lentamente; una vez de pie y aún sujetándonos con el zafu, estiraremos las piernas por detrás de las rodillas hasta recuperar, si fuera necesario, la sensibilidad de las piernas.

La postura seiza sentados de rodillas

La mejor postura para sentarnos a meditar en el suelo es con las piernas cruzadas, porque es la que crea todas las condiciones para que se produzca la dinámica cuerpo-mente de zazen. Pero en el caso de que no podamos sentarnos de esa manera, hay otras posturas alternativas. En cualquier caso, antes de abandonar la postura de las piernas cruzadas, es recomendable pedir consejo a un instructor o maestro zen. A nuestro centro llegan personas que tras meses o incluso años de meditar de rodillas, están convencidas de que no pueden meditar con las piernas cruzadas. En muchos casos bastan un par de indicaciones para que empiecen a hacerlo, y siempre lo agradecen.

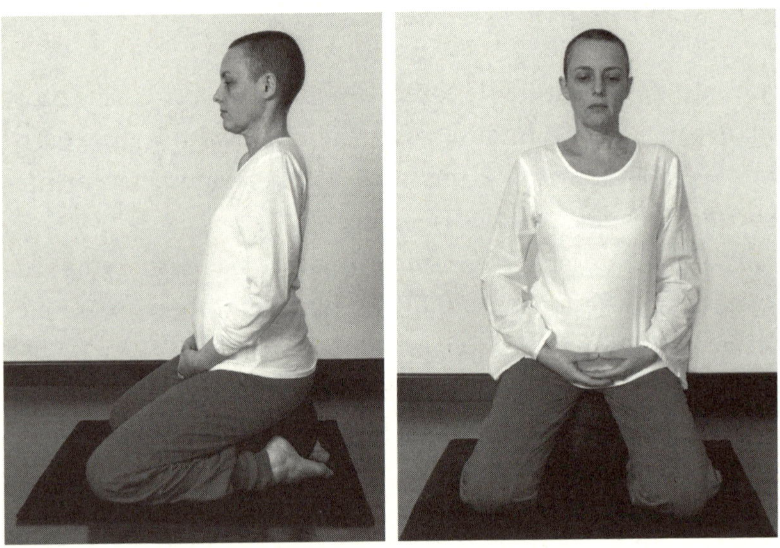

Sentada de rodillas sobre el zafu vertical

Aun así puede que nuestra condición física nos impida sentarnos con las piernas cruzadas. En ese caso podemos probar con la postura seiza, sentados de rodillas sobre el borde del zafu en posición vertical entre las piernas o sobre una banqueta de meditación. Espalda recta, brazos a los costados del cuerpo, manos sobre el regazo, el resto de la postura es igual que en zazen.

Meditación sentada en una silla

Podemos hacer meditación sentados, de pie o tumbados, andando o viajando. Cualquier momento es bueno para enfocar la atención en la respiración, tomar conciencia del cuerpo, de las sensaciones y de lo que sucede en nuestra mente. Pero, sin duda, la meditación reina a lo largo de los siglos ha sido y es aún hoy la meditación sentada, porque en la postura corporal sentada se dan las condiciones óptimas, no estamos excesivamente relajados como cuando estamos tumbados, ni excesivamente en tensión como cuando estamos de pie.

En muchas ocasiones puede darse el caso de que no podamos sentarnos en el suelo, bien porque estamos en una oficina rodeados de gente, o viajando en tren o en avión, pero eso no nos impide poder disfrutar de unos minutos de meditación. También puede que por nuestra salud o complexión física nos veamos con dificultades para sentarnos en el suelo, en un cojín o en una banqueta. Y en este caso nada nos impide hacer la meditación en una silla. La meditación en una silla nos resultará útil cuando no se den las condiciones para practicar en el suelo y queramos disfrutar de unos minutos de meditación, para recuperarnos de un momento de estrés o de un rapto emocional, en un momento de descanso de nuestras actividades cotidianas.

Para esta meditación solo necesitamos una silla, un reloj o temporizador y un espacio tranquilo.

Para realizar la meditación sentados en una silla lo mejor es utilizar una ergonómica como las de oficina, o en su defecto, una silla que nos permita sentarnos con la espalda recta.

Es conveniente utilizar también un reloj o un temporizador. Marcamos el tiempo que va a durar y no paramos hasta que suene. Es importante no estar mirando todo el tiempo el reloj, y que la finalización no dependa de nuestra voluntad.

Las plantas de los pies sobre el suelo, la espalda recta con las lumbares ligeramente arqueadas hacia el interior, y los hombros abiertos ligeramente caídos hacia atrás, de manera que el vientre quede relajado.

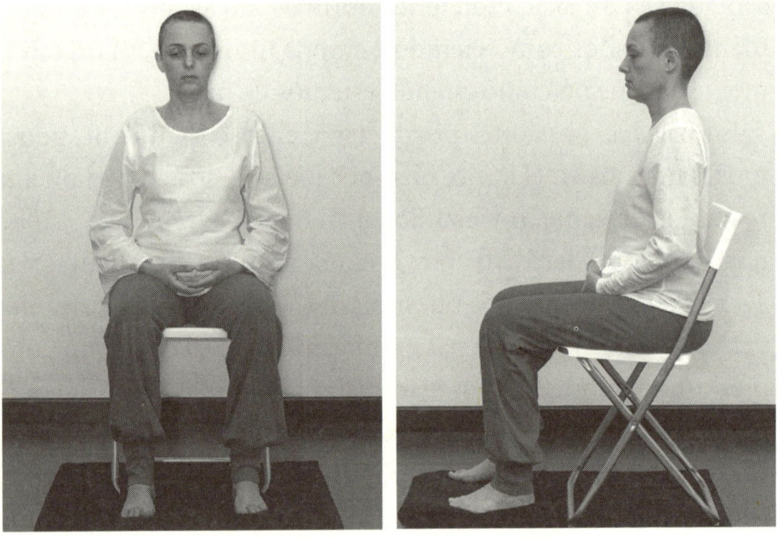

Meditación sentados en una silla

Los brazos caen cerca del cuerpo y las manos deben quedar en reposo sobre los muslos, bien con la palma de las manos sobre ellos, bien con las manos contra el vientre con la mano izquierda sobre la derecha y la punta de los pulgares que se toca ligeramente haciendo así una forma oval.

La punta de la lengua debe estar contra el paladar, cerca de los dientes, y los ojos entrecerrados, dejando una rendija para que entre la luz, pero bien relajados.

Prestamos atención a la respiración, empezando por sentirla en la nariz. Al inspirar sentimos cómo el aire entra por la nariz, al espirar sentimos cómo sale el aire también por la nariz, durante unas tres respiraciones completas.

Después centramos la atención en el pecho: al inspirar, sentimos que el pecho se expande y al espirar sentimos que se contrae, durante tres respiraciones completas.

Fijamos después la atención en el vientre, y observamos también que cuando inspiramos el vientre se hincha ligeramente, y cuando espiramos se deshincha. El vientre tiene que estar completamente relajado, tanto al inspirar como al espirar. Mantendremos la atención a la respiración en el vientre durante el resto de la meditación, dejándonos mecer por las olas que produce en el vientre la respiración.

Ahora, dejemos pasar los pensamientos. Eso significa que no los seguimos, no les damos importancia, no los alimentamos, no juzgamos ni añadimos más pensamiento a las sensaciones y emociones. Pero no significa que debamos eliminarlos, no se trata de luchar contra el pensamiento para poner la mente en blanco.

La meditación sentada consiste simplemente en sentarse, sin ningún otro propósito, ni intención, atentos a la postura del cuerpo y a la respiración, dejando pasar los pensamientos.

La sobreactividad y la somnolencia

Unos de los obstáculos más frecuentes cuando nos sentamos a meditar es encontrarnos en una sobreactividad mental, o un estado de sopor y somnolencia. El primer caso, la sobreactividad mental, que se caracteriza por una abrumadora aparición caótica de pensamientos, podemos superarlo concentrándonos más en la espiración en el vientre —las espiraciones largas y profundas tienen un efecto calmante para el pensamiento—, y cerrando la abertura de los ojos hasta la mínima expresión.

Por el contrario, si estamos cayendo en un estado de sopor o de somnolencia, podemos concentrarnos más en la inspiración, oxigenar más nuestro cerebro, incluso abrir un poco más los ojos para que entre más luz. Si esto no es suficiente, y nos damos cuenta de que el sueño nos vence, que damos cabezazos hacia delante, podemos dejarnos vencer por el sueño durante unos segundos, y volver a la meditación de nuevo más despiertos.

Inmóvil como una montaña

Uno de los aspectos más importantes de la meditación sentada es la inmovilidad. Cuando hemos hablado de la manera de funcionar ordinaria y la manera de funcionar original de la mente, ya hemos visto que casi siempre estamos en la mente ordinaria, y que con la dinámica entre el cuerpo y la mente creada a partir de la práctica de zazen, la meditación sentada, podemos actualizar la manera de funcionar original.

Para que se produzca el salto de una forma de funcionar a otra, entre otras cosas debemos abandonar toda intención de obtener algo, sea lo que sea. La mera presencia de la intención nos encadena a la manera de funcionar ordinaria. Una de las formas más frecuentes en que se manifiesta la intención es en el movimiento voluntario del cuerpo. Antes del movimiento siempre hay una intención, incluso si no nos movemos. Siempre que deseamos movernos hay una intención.

Así que abandonar la intención no es nada trivial, requiere un duro entrenamiento. Es como uno de los entrenamientos que se hacían antiguamente para domar a un elefante y que aprendiera a estarse quieto: consistía en atar a un elefante joven por una pata a una fuerte estaca; al principio, el elefante intentaba huir tirando de la estaca, arremetiendo contra ella. Pasaban algunos días, y el pequeño elefante finalmente se rendía y abandonaba toda intención de huida, se quedaba tranquilo. Después, cuando el elefante crecía hasta llegar a pesar varias toneladas, se quedaba tranquilamente atado a una pequeña estaca, aunque habría podido tumbarla fácilmente de una patada.

Algo parecido sucede con la inmovilidad de la postura. Al principio queremos movernos, sentimos un picor y queremos rascarnos, se nos cae el flequillo y queremos recogernos el pelo, sentimos una molestia en la rodilla o en la espalda y queremos movernos, así que la intención está presente. Y si nos movemos, se desencadenan multitud de pensamientos, y de nuevo aparece la intención de moverse. De modo que moverse no es nunca una solución definitiva, sino uno de esos círculos sin fin de la mente ordinaria.

Porque si cedemos a nuestros impulsos y nos movemos, este calvario se prolongará todavía más, cada vez que nos sentemos estaremos todo el tiempo pensando cuándo vamos a movernos, y estar sentado se convertirá en un infierno.

Por el contrario, si nos sentamos con la determinación de no movernos hasta el final, puede que durante unas cuantas sesiones lo pasemos mal y nos resulte difícil, pero si nos mantenemos firmes, el pequeño elefante aprenderá y nunca más nos molestarán ese tipo de pensamientos. Simplemente, moverse dejará de ser una opción.

En muchas ocasiones, ese momento de la meditación en el que nos parece que no podemos más pero seguimos, ese momento en el que abandonamos todo para mantenernos firmes en la inmovilidad, es un momento crítico en el que el salto a la mente original se produce abruptamente.

Es por eso que es tan importante la inmovilidad, y también la presencia de los demás, que nos ayudan a mantenerla. Porque la inmovilidad nos brindará repetidas ocasiones en las que podamos abandonar toda intención, lo que se convierte en una oportunidad de actualizar nuestra mente original.

El triángulo concentración, atención, observación

Una vez ya estemos cultivando la actitud adecuada para la meditación, podremos desarrollar los tres factores que potencian su penetrante sabiduría; son tres factores interdependientes, que se alimentan mutuamente y que pueden estar presentes a la vez.

Concentración

El *samadhi*, la concentración serena, es una de las bases de la meditación. Concentración significa centrar la mente en una cosa, en una actividad. Durante zazen, centramos la atención en la postura del cuerpo y en la respiración. En zazen, gracias a la dinámica que se crea entre el cuerpo y la mente, la concentración está retroalimentada.

Funciona así: nos concentramos en el equilibrio de la postura, y en caso de distraernos, de perder la concentración, eso nos hace perder el equilibrio. Lo percibimos de inmediato, primero por nuestro sentido del equilibrio y, un poco más tarde, por una sensación de incomodidad, de manera que nuestra mente recibe aviso y vuelve a la concentración. Esto no sucede en otras posturas de meditación.

La concentración está retroalimentada por los sentidos corporales, y eso hace que se sostenga a sí misma, y que se vaya haciendo cada vez más potente a lo largo de la sesión de zazen.

Atención

Esta concentración no se queda fija, no se estanca, porque a la vez desarrollamos una atención plena. Eso significa que al tiempo que nos concentramos en la postura del cuerpo y de la respiración, estamos atentos a todos nuestros sentidos, a nuestro pensamiento, a nuestras emociones y sentimientos, y en cuanto aparece algo, enfocamos un momento la atención para realizar la observación.

Observación

En cuanto aparece algo en nuestra mente, cualquier fenómeno, lo observamos. Lo observamos como un testigo imparcial, sin interactuar con el fenómeno, y una vez observado, no nos quedamos ahí, siguiendo el fenómeno, sino que volvemos de nuevo a la concentración. De esta forma, en todo momento la mente está concentrada y despierta.

Aceptamos todos los fenómenos gracias a la atención, los observamos y los soltamos para volver a la concentración. Esta es, muy esquemáticamente, la dinámica que seguimos entre concentración y observación.

El triángulo concentración, atención, observación

Kinhin

En los centros zen, entre una meditación sentada y otra, se realiza una meditación caminando, el kinhin. Para ello, una vez nos hemos levantado cuidadosamente del suelo, nos ponemos de pie, cerrando el pulgar de la mano izquierda en el puño de la mano izquierda. Entonces envolvemos el puño izquierdo con la mano derecha, procurando mantener los dedos juntos entre sí. Y ponemos las manos sobre el esternón, justo por debajo del pecho.

Avanzamos un pie medio paso y, durante la espiración, estiramos la pierna y dejamos caer todo el peso del cuerpo sobre el pie que está delante. Mantenemos la pierna de atrás relajada, pero con la planta del pie en contacto con el suelo, estiramos la nuca, abrimos y relajamos los hombros y presionamos las manos entre sí y contra el pecho.

Durante la inspiración avanzamos el pie que estaba detrás medio paso hacia delante, y ahora descargamos el peso sobre este pie, de la misma manera, mientras espiramos. Vamos avanzando así al ritmo de la inspiración, con los ojos entreabiertos y la mirada puesta enfrente.

8. Atención a la respiración

Nuestra espiración es la del cosmos entero.
Nuestra inspiración es la de todo el universo.
A cada instante actualizamos la gran vía ilimitada.
Con esta mente, el sufrimiento se extingue,
y una felicidad infinita lo invade todo.
KODO SAWAKI

Respirar el universo

En nuestra infancia desarrollamos una percepción y un conocimiento que nos permiten distinguir nuestro cuerpo del mundo que nos rodea. Algo tremendamente útil para el cuidado de nuestro cuerpo, ya que, por ejemplo, nos permite distinguir los vehículos que circulan por la calle, de la segura mano de nuestros padres.

Pero nuestro cuerpo no está tan separado del universo como nuestra percepción nos hace creer, ya que existe un intercambio continuo entre el cuerpo y el entorno. Hay quien afirma que el intercambio de materia a nivel atómico, a lo largo de nuestra vida, es tal que la gran mayoría de los átomos que forman parte de nuestro cuerpo han sido sustituidos por completo al cabo de diez años.

Entre otros procesos, este intercambio masivo de materia se realiza de forma ininterrumpida con la respiración. Nuestro cuerpo toma oxígeno del aire, y retorna dióxido de carbono. Nuestras células oxidan el carbón para producir energía, y esta es la fuente de energía de nuestra vida. Todo nuestro organismo funciona a partir de esta quema de carbón, hasta el punto que, si este proceso se interrumpe, si dejamos de respirar, en pocos minutos se ocasionan daños irreversibles en el cerebro y, finalmente, la muerte.

Nuestros pulmones evacuan el dióxido de carbono de nuestra sangre y lo remplazan por oxígeno, y nuestro corazón bombea a través de nuestro sistema circulatorio este oxígeno a todo el cuerpo, nutriéndolo, abasteciéndolo de la energía fundamental para desarrollar todas las funciones vitales del organismo.

Respiramos desde el nacimiento hasta la muerte. La respiración va variando y se adapta a las diferentes actividades que realizamos. Cuando hacemos deporte aumentamos el ritmo de la respiración y el volumen de aire intercambiado, cuando dormimos o descansamos, nuestro ritmo respiratorio es mucho más lento y suave.

También se altera nuestra respiración con las emociones. Una sorpresa puede parar momentáneamente la respiración; una emoción de odio o de rabia acelera nuestro ritmo respiratorio; en otras ocasiones, la angustia o la ansiedad produce una sensación de asfixia, o de falta de aire.

Observando la respiración, podemos percibir nuestro estado de ánimo y emocional. Podemos también aumentar y disminuir la respiración a voluntad, incluso interrumpirla por un momento, o bien dejar que se produzca como un proceso completamente autónomo de nuestro cuerpo. En general, y sobre todo si aún no hemos empezado a meditar, se produce de una forma que nos puede resultar imperceptible la mayor parte del tiempo.

El momento presente

Así, la respiración es un proceso que está siempre presente y que nos acompaña a todas partes. Varía con las diferentes condiciones físicas y mentales, por lo que siempre es un buen indicador del estado de nuestra existencia.

La relevancia de la atención a la respiración en la práctica de la meditación se entiende cuando nos damos cuenta de su capacidad de hacernos volver al momento presente. Podemos estar distraídos con nuestros pensamientos durante un buen rato, hasta perder la noción del tiempo, pero en cuanto fijamos la atención en la inspiración y la espiración, aterrizamos de golpe en el presente.

Esto no es algo casual. Como seres vivos que somos, tenemos una conciencia del tiempo que está relacionada con nuestra existencia; nuestra percepción no percibe el tiempo como lo mide un reloj, a veces el tiempo parece pasar más despacio, a veces más deprisa. Si tuviéramos que definir el momento presente, ¿con qué medida lo haríamos, un segundo, un milisegundo, un nanosegundo?

Deberíamos distinguir lo que son las ideas y conceptos sobre el tiempo que aporta la ciencia, con sus aparatos de medida, de lo que como seres vivos podemos percibir del tiempo. ¿Qué sentido tiene para un ser vivo un segundo, un milisegundo o un nanosegundo?

Los seres vivos toman conciencia del tiempo a partir de sus ciclos biológicos. Podemos percibir cuántos latidos de nuestro corazón han transcurrido, cuántas respiraciones completas hemos realizado, y eso sí relaciona el tiempo con nuestra existencia. No es ninguna coincidencia que un latido de corazón humano dure en promedio aproximadamente un segundo. Probablemente, cuando se definió el segundo se tomó como referencia el pulso del corazón humano; es decir, se tomó una medida de la que podíamos tener conciencia.

Sin embargo, los latidos del corazón son, a veces, difíciles de percibir. Pero la respiración podemos percibirla siempre. Es por esto que la respiración es algo que tenemos siempre a mano para poder ser conscientes del tiempo. Al prestar atención a la respiración, volvemos al momento presente, porque la respiración es la medida del tiempo de nuestra conciencia. Si tuviéramos que definir qué es el momento presente en nuestra conciencia, podríamos decir que el presente es la respiración de este momento, la respiración de este momento es el presente.

Aquí y ahora

Ahora ya sabemos cómo tomar conciencia del momento presente, pero ¿cómo tomamos conciencia del espacio? ¿Qué significa «aquí»? ¿Es un punto en el espacio? ¿Y qué tamaño tiene ese punto, un metro, un milímetro, un nanómetro? Entramos de nuevo en las abstracciones matemáticas de las unidades de medida del espacio. Así que volvamos a nuestra dimensión de seres vivos: ¿podemos tener conciencia del punto «aquí» en el espacio? ¿Qué tamaño debería tener ese punto para que tuviera un significado para nuestra existencia?

Reflexionemos, ¿cuál es el espacio que habitamos como seres vivos? ¿No es el cuerpo el espacio que ocupa nuestra existencia? Si entendemos que es el cuerpo el espacio habitado por nuestra existencia, entenderemos a su vez cuál es el «aquí» del que podemos tomar conciencia. Entenderemos que en la meditación volvemos siempre con nuestra atención al cuerpo, porque eso es tomar conciencia del «aquí».

Nuestro pensamiento puede vagar hacia el pasado, o hacia el futuro, recordar lugares remotos o imaginar lugares fantásticos. Pero el cuerpo y la respiración nos traen siempre de vuelta aquí y ahora. Volver al cuerpo y a la respiración es volver a la conciencia aquí y ahora, a la raíz de nuestra existencia.

Además, la respiración es un proceso corporal que podemos realizar de manera voluntaria y consciente, como también se produce de manera involuntaria e inconsciente. Así, el mismo proceso está compartido por el ámbito del consciente y del inconsciente, ejerciendo de puente, de estrecha relación entre ambos. A través de la respiración consciente podemos influir en nuestro inconsciente, igual que nuestro inconsciente puede influir en nuestra conciencia a través de la respiración.

Dónde poner la atención a la respiración

Como hemos visto, la respiración es un proceso corporal que está siempre presente. Por esta razón, en parte nos puede resultar difícil prestarle atención al principio. Hay muchos estímulos que atraen nuestra atención constantemente, y la respiración nos puede parecer algo monótono y aburrido; observarla requiere una predisposición por nuestra parte, que podemos desarrollar cultivando una cierta curiosidad, una actitud exploratoria hacia esta inseparable compañera que es nuestra respiración.

Practicamos la atención a la respiración con la boca cerrada, respirando solo por la nariz. Así empezamos por sentir la sensación que produce la entrada del aire frío, cuando entra por las fosas nasales, y la sensación del aire cálido que expulsamos durante la espiración.

Después podemos sentir la respiración en el pecho. Cómo, al inspirar, el tórax se expande, y cómo, al espirar, el tórax se contrae. Mantengamos la relajación de los hombros para que este movimiento se produzca sin bloqueos.

Cuando ya hemos tomado conciencia de la respiración en la nariz y en el pecho, podemos observar la respiración en el vientre. Si el vientre está relajado, se expande durante la inspiración, y se contrae durante la espiración. Aquí es importante que no empujemos el vientre hacia dentro, forzando la espiración, sino que la dejemos fluir libremente.

Poner atención en la respiración no significa pensar en la respiración, ni mucho menos tratar de controlarla o modificarla, es solo sentir todos los movimientos y sensaciones del cuerpo que la acompañan, sin interferir con ellas.

Poner la atención en la respiración en el vientre es una técnica muy utilizada, tanto en las artes marciales, para concentrar la fuerza y mantener el equilibrio, como en bailarines, cantantes, músicos instrumentistas de viento o actores. Maximizamos la espiración sin forzarla.

Centrarse en la respiración abdominal es como sumergirse en el océano. En la superficie, las olas de las sensaciones y los pensamientos se agitan, pero bajo el agua todo es calma y serenidad. Después, aunque no podamos evitar salir a la superficie a coger aire, aunque nuevamente los pensamientos y las emociones aparezcan y nos distraigan, podemos tomar conciencia de ellos, y volver, una y otra vez, a la calma de la respiración profunda.

Una de las cosas que puede pasarnos cuando ponemos la atención en la respiración es que esta se altere. Al principio porque nos resulta difícil atender la respiración sin controlarla voluntariamente, pero aun cuando logramos no interferir voluntariamente, nuestra respiración se altera por el simple hecho de estar observándola. Es un fenómeno de interdependencia que jugará a nuestro favor cuando hayamos progresado en nuestro entrenamiento de la atención, pero que al principio nos puede causar alguna molestia.

Si, ya sea voluntaria o involuntariamente, alteramos el ritmo de nuestra respiración y lo aceleramos, podemos provocar lo que se conoce como hiperventilación, un exceso de oxígeno en la sangre, que empieza sintiendo una sensación de mareo y de presión en el pecho, y que, si no reducimos el ritmo de respiración, puede llevarnos a una pérdida de conciencia.

La hiperventilación se puede producir voluntariamente, o puede estar causada por emociones, estrés, ansiedad, pánico o por enfermedades como el asma y los estados febriles; en cualquier caso, y sea cual sea la causa de las alteraciones de la respiración, nuestro cuerpo tiene una manera de cortocircuitar estas alteraciones con un desvanecimiento o una pérdida de conciencia, tras la cual se recuperará inconscientemente el ritmo natural de la respiración.

Una vez, un rey de la India oriental invitó al venerable Prajnatara a una fiesta budista tradicional, donde se recitaban volúmenes enteros de sutras, y se comía en abundancia. Después de observarlo, el rey dijo a Prajnatara: «Todos los demás están recitando sutras, venerable, ¿por qué tú no los recitas?».

El venerable Prajnatara respondió: «Esta humilde persona, cuando exhala no sigue las diversas condiciones, cuando inhala no se estanca en los ámbitos del cuerpo y la mente. Respirando, recito cien, mil, diez mil, mil millones de volúmenes de sutras, no solo uno o dos volúmenes».

La respiración diafragmática o abdominal

Se la conoce técnicamente como respiración diafragmática, pero se entiende mejor si nos referimos a ella como respiración abdominal. Al fin y al cabo, el diafragma participa siempre de la respiración, pero solo si tenemos el vientre relajado podemos sentir la respiración en el abdomen.

El diafragma es un músculo en forma de paraguas, situado debajo de los pulmones, que separa las vísceras del tórax de las vísceras del abdomen. Cuando inspiramos, el músculo se contrae, dejando espacio para que los pulmones se expandan hacia abajo y se llenen de aire. Cuando el diafragma se relaja, vuelve a ocupar su posición hacia arriba, empujando los pulmones y ayudando a vaciar el aire.

Si hubiera tensiones en el abdomen durante la inspiración, el diafragma, al bajar, se encontraría con resistencias y no podría realizar una inspiración completa, lo que daría lugar a una inspiración corta y superficial. En cambio, si el abdomen está relajado, el diafragma puede bajar más y la inspiración es más profunda y completa. Durante la espiración mantenemos relajados los músculos externos de la zona del estómago, pero se produce una ligera presión abdominal con los músculos abdominales internos. Esta presión interna empuja más hacia arriba el diafragma y ayuda a vaciar el aire de los pulmones, a la vez que empuja hacia abajo la masa intestinal.

En esto consiste básicamente la respiración abdominal, en mantener el vientre relajado y presionar internamente al espirar. Para que esta presión interna se produzca sin forzar la respiración, basta con imaginar una presión hacia abajo sobre los intestinos durante la espiración, lo que hará que al final esa presión se produzca realmente.

Conseguimos así un ciclo respiratorio más completo, con unas inspiraciones y espiraciones más largas y profundas. Ya hemos dicho que no consiste en empujar el estómago hacia dentro durante la espiración, como se suele recomendar en algunos deportes, porque eso provoca un vaciado rápido de los pulmones. Son solo los músculos internos del abdomen los que crean esta sutil presión para que el aire salga suavemente.

Si cuando tratamos de crear esta presión abdominal se producen tensiones y dificultades al respirar, es mejor que nos olvidemos de ella durante un tiempo y que respiremos relajadamente, poniendo siempre más atención en la espiración.

La respiración zen

La respiración zen es una respiración diafragmática o abdominal aunque, para explicarla, los maestros zen se apoyan más en las sensaciones que sentimos durante la respiración. La explicación experiencial se basa en lo que sentimos con la experiencia, y es más fácil de seguir y de aplicar por los estudiantes que la explicación anatómica que acabamos de ver.

Para empezar, diremos que en la respiración zen se pone más atención en la espiración. Cuando le pedimos a alguien que respire profundamente, empieza por hacer una gran inspiración, para luego soltar el aire de golpe, y en el zen eso lo hacemos justamente al revés. Empezamos por espirar, por vaciar todo el aire de los pulmones, y después dejamos que la inspiración se produzca automáticamente. De esta forma, nos aseguramos que todo el aire viciado salga; de no ser así, siempre queda un poco de aire que no se renueva y la respiración no es tan eficiente.

Así que realizamos una espiración larga y tranquila, que puede durar medio minuto, o más si estamos entrenados. Esta espiración es tan suave que se vuelve casi imperceptible, y mientras espiramos sentimos como si la espiración empujara hacia abajo toda la zona intestinal, produciendo un masaje en los órganos internos. Al llegar al final de la espiración, podemos prestar especial atención a este punto, a esta breve pausa que se produce al final de la espiración, justo antes de que empiece automáticamente la inspiración. Y durante la inspiración, relajamos y soltamos todo, para que se produzca libremente.

Esta pausa de la espiración no debemos alargarla artificialmente. Es una ocasión para soltarlo todo, todas nuestras preocupaciones, nuestros miedos, nuestra imagen personal. Podemos soltarlo todo al final de la espiración y es como una pequeña muerte, de la que renacemos nuevos en la siguiente inspiración. Es como si nuestro yo muriera al final de la espiración, y el que renaciera al inspirar ya no fuera el mismo, sino un nuevo yo.

Toda la respiración es libre, no debe darnos sensación de control u opresión, y de ser así hay que soltar y dejar fluir la respiración sin intención, para volver a retomar la atención a la respiración de nuevo al cabo de un rato. Aunque al principio nos resulte difícil, con la práctica acabaremos por aprenderlo. Basta con poner la atención en el *kikai tanden*, un punto unos centímetros por debajo del ombligo, o en el *hara*, el estómago, para que la presión interna se realice naturalmente.

Se dice que esta respiración es como la de un recién nacido, o como el mugido de una vaca, libre de tensiones físicas o emocionales, y tiene la virtud de calmar el pensamiento y reducir la intensidad de las emociones, sin reprimirlas. Pero para ello es importante que no la hagamos de manera demasiado voluntariosa, debemos saber soltar, dejar ir y dejarnos llevar por esta respiración natural.

Beneficios de la atención a la respiración

El ejercicio de la meditación desarrolla nuestra habilidad de prestar atención a la respiración, hace emerger una concentración serena y nos pone en contacto con nuestro yo interior. Después, durante el día, en cualquier momento de nuestra vida cotidiana, podremos volver a tomar conciencia de la respiración. Esto nos aporta claridad mental, nos libera del estrés y refuerza nuestra creatividad.

Tomar contacto con nuestra respiración durante el día nos ayudará a gestionar mejor nuestras emociones, a no quedar atrapados en las preocupaciones y el estrés. También físicamente nos encontraremos más relajados y se reducirá la intensidad del dolor en las zonas donde podamos sentirlo.

La base de *mindfulness*

La atención a la respiración es la base del *mindfulness*. Y no es de extrañar porque la práctica de *mindfulness* se fundamenta en las enseñanzas de la tradición budista contenidas en los sutras Anapanasati (atención a la respiración) y Satipatthana (cuatro fundamentos de la atención).

En el Satipatthana se enseña a cultivar los cuatro fundamentos de la atención, a partir de la atención a la respiración. Para ello el Buda recomienda que nos sentemos a meditar, poniendo atención en la nariz. Espiramos e inspiramos tranquilamente, tomando conciencia de la respiración. Tomar conciencia de la respiración significa simplemente que cuando espiramos sabemos que estamos espirando, y que cuando inspiramos sabemos que estamos inspirando. Contemplamos el cuerpo y la mente, atentos a la respiración. En todas las dimensiones de nuestra existencia.

En el Satipatthana estos fundamentos se dividen en: 1. Cuerpo. 2. Sensaciones. 3. Percepciones. 4. Objetos mentales. Pero también lo podemos adaptar a un lenguaje más coloquial y dividir estas cuatro dimensiones en 1. Cuerpo. 2. Sensaciones y pensamientos. 3. Emociones y sentimientos. 4. Ego, voluntad y deseo. Al fin y al cabo, se trata de fijar nuestra atención en todas las dimensiones del ser, y para ello es más importante que las entendamos que ceñirse a una traducción literal.

Atención al cuerpo

El primer fundamento de la atención consiste en prestar atención al cuerpo, a la vez que seguimos atentos a la respiración. En la práctica de zazen, lo hacemos concentrándonos en la postura corporal, empujando el suelo con las rodillas y el cielo con la coronilla, a la vez que seguimos la espiración hasta el final.

Para que la respiración sea larga y profunda, el vientre debe estar relajado, y eso lo conseguimos basculando la pelvis hacia delante y arqueando las lumbares hacia el interior, a la vez que abrimos los hombros y los dejamos caer relajados hacia atrás.

Esta postura nos permite sentir la respiración en el vientre y tener la sensación de que espiramos con todo el cuerpo y que inspiramos con todo el cuerpo.

Atención a sensaciones y pensamientos

En el segundo fundamento de la atención podemos tomar conciencia de las sensaciones y los pensamientos. Eso no significa que los busquemos, ni que los provoquemos. Los pensamientos y las sensaciones aparecen aunque no los busquemos, nosotros solo tenemos que estar atentos, y cuando aparezcan los observaremos por un momento.

Si aparece una sensación, tomamos conciencia de ella, y tanto si es agradable, desagradable o neutra, seguimos la inspiración y la espiración, y no dejamos que nos arrastren los pensamientos surgidos a raíz de esa sensación.

Si aparecen pensamientos o preocupaciones, tanto si nos hacen sentir bien como si nos hacen sentir mal o son neutros, seguimos el recorrido de la inspiración y de la espiración, conscientes de estos pensamientos sin juzgarlos, sin añadir nada más.

Atención a emociones y sentimientos

Somos conscientes también de nuestras emociones y sentimientos, de si estamos tristes o alegres, de si sentimos amor u odio, de si estamos cansados o llenos de energía, y después de tomar conciencia, sin juzgar estos sentimientos, seguimos la inspiración y la espiración, desde el principio hasta el final.

Aceptamos las emociones y los sentimientos del momento presente, sin desear otros sentimientos u otro estado de la mente diferente, ni pretender quedarnos en ninguna emoción, ni sentimiento, dejando que la mente fluya libremente.

Atención al ego y la voluntad

Observamos los pensamientos sobre nosotros mismos, sobre yo y lo mío, sin identificarnos con ello. Somos conscientes de los pensamientos sobre nuestra imagen personal, tanto sobre nuestro aspecto físico como sobre lo que decimos y opinamos, lo que creemos que los demás piensan de nosotros. Somos también conscientes de nuestros deseos e ilusiones, de nuestras voluntades, de lo que queremos y de lo que rechazamos. Observamos el apego a nuestro ego, sin dejar nunca de seguir la respiración.

Inspiramos y espiramos, observando con desprendimiento el surgimiento y el cese de todos estos fenómenos. La mente es vasta como el cielo, inmensa como la gran tierra.

De esta forma, gracias a la atención a la respiración, podemos expandir nuestra atención a todas las dimensiones de nuestra existencia, en lo que llamamos atención plena, conciencia plena o *mindfulness*.

Contar respiraciones

Hay muchos ejercicios que podemos hacer para ir familiarizándonos con la práctica de atención a la respiración. Quizás uno de los más usados por los principiantes, por su sencillez, es el de contar respiraciones.

Sentados en zazen o en una silla, prestamos atención a la postura del cuerpo, estiramos la columna, relajamos el vientre, respiramos dos o tres veces profundamente.

Fijamos la atención en el instante que hay al final de la espiración. Contamos hasta diez espiraciones y volvemos a empezar.

Contar respiraciones nos da una idea del grado de dispersión de la mente. Si solo llegamos hasta tres respiraciones, significa que estamos muy dispersos, y justamente cuando estamos muy dispersos, contar respiraciones puede ser de gran ayuda para enfocar la atención.

Hagamos este ejercicio durante 15-30 minutos, y repitámoslo unas cuantas veces durante una semana, para asimilar este recurso y a partir de ahí, utilizarlo cuando lo consideremos necesario.

Ejercicio de atención a la respiración

Los ejercicios de atención a la respiración los podemos realizar en cualquier momento del día, podemos aprovechar un desplazamiento en metro, una pausa de la comida, un tiempo de espera ante una visita. Cualquier momento es bueno para ejercitar nuestra atención a la respiración y recuperar la serenidad y paz interior.

Nos sentamos de manera que podamos relajar el abdomen, en zazen o en una silla. Mantenemos la columna recta y dejamos caer los hombros relajados hacia atrás. Los ojos están entreabiertos, casi cerrados. Ponemos la atención en el vientre y sentimos cómo se expande al inspirar y cómo se contrae al espirar.

Sostenemos la atención a la respiración, haciéndonos uno con cada inspiración completa, haciéndonos uno con cada espiración completa, como si cabalgáramos sobre las olas de nuestra respiración.

Cada vez que nos damos cuenta de que la mente se aleja de la respiración, somos conscientes de qué es lo que la ha distraído y, sin juzgar, volvemos pacientemente a las olas de nuestra respiración. Si nuestra mente se aleja mil veces de la respiración, mil veces volvemos a la respiración, sin que importe mucho con qué nos hemos distraído.

Podemos practicar este ejercicio una vez al día durante una semana, en el momento en que nos resulte más adecuado.

Pausas de atención a la respiración

Otro ejercicio que podemos incluir durante el día consiste en tomarnos una pausa para respirar. En lugar de una pausa para hacer un café o para comer algo, podemos hacer una pausa para respirar. Ya sea entre una tarea y otra, entre una reunión y otra, habrá momentos en que podemos hacer una breve pausa, y esa puede ser una ocasión también para tomar contacto con la respiración; 5 minutos, o tan solo 2, son suficientes.

Nos sentamos un momento en una silla y sentimos cómo el vientre entra y sale con la respiración, sin forzarlo ni retenerlo.

Tomemos conciencia de nuestros pensamientos, sensaciones, emociones y voluntad, sin juzgarlos, sin rechazarlos, a la vez que seguimos el vaivén de la respiración en el vientre.

Estemos atentos por si se produce algún cambio en la manera de ver las cosas, en los sentimientos hacia los demás y hacia nosotros mismos.

Volvamos a la actividad, con serenidad y calma renovadas.

Son muchos los ejercicios de respiración que podemos hacer, pero lo mejor es que sean sencillos y que los podamos aplicar a menudo, para que la atención a la respiración se vaya integrando en nuestra vida.

9. Los estados de la mente

Actitud zen

Hemos hablado de cultivar la mente desarrollando unas ciertas actitudes, como mantener una mente abierta y receptiva, no juzgar lo que aparece en nuestra mente, ser pacientes con las circunstancias que nos acompañan. Lo que en general se traduce en mantener siempre una mente de principiante, confiar en la práctica y soltar presa para dejar pasar los pensamientos.

En la tradición zen, el practicante cultiva tres actitudes fundamentales: *mushotoku*, actitud sin espíritu de provecho. No fijar la mente en nada, lo que hace surgir *hishiryo*, conciencia más allá del pensamiento y del no pensamiento. Y *bodaishin*, aspiración a despertar a los demás antes que a uno mismo.

Mushotoku

La actitud *mushotoku*, sin ánimo de provecho personal, es una de las actitudes fundamentales en la práctica del zen. Como vimos cuando hablábamos de la manera de funcionar ordinaria y la manera de funcionar original de la mente, en la primera el deseo, la intención, la voluntad son los detonantes del círculo del sufrimiento, mientras que en el círculo de la mente original aceptamos todo lo que aparece y lo dejamos ir sin intención, sin esperar ni desear nada por ello. Es un punto crucial, ya que la intención, el deseo y la voluntad nos hacen saltar automáticamente a la manera de funcionar ordinaria.

Pero ¿cómo podemos hacer las cosas sin intención? ¿Cómo podemos hacer las cosas sin esperar unos resultados, sin tener unos objetivos? Es una pregunta obvia que surge ante el reto de practicar sin intención, *mushotoku*.

Podemos llegar a pensar que si practicamos la meditación porque queremos seguir una vía espiritual y de este modo saciar nuestra angustia existencial, o si estamos practicando para calmar la ansiedad, librarnos de miedos y obsesiones, o si lo hacemos para tener más control sobre nosotros mismos, entonces, ¿no somos *mushotoku*?; entonces, ¿no estamos practicando sin intención?

Esta es una pregunta que puede llegar a hacernos sentir culpables, cuando en realidad, como seres racionales que somos, es natural que racionalicemos nuestra conducta y tratemos de dar un sentido a todo lo que hacemos. No debemos entender esto desde un extremismo absoluto, no se trata de hacer las cosas sin absolutamente ningún objetivo o intención, sino que se trata más bien de una cuestión de actitud.

Eso significa que si, por ejemplo, nos hemos dirigido hacia la meditación para aliviar nuestro estrés, no hay ningún mal en ello, pero es importante que cuando nos sentemos a meditar, no estemos todo el tiempo pensando en ello. Algo así como: «Vaya, ya llevo cinco minutos y la ansiedad sigue ahí, a ver si con un minuto más funciona... Nada, que no funciona, no lo estaré haciendo bien... a ver si respirando más despacio, nada, que no hay manera de calmar el pensamiento, y encima empiezo a estar incómodo. ¿Cuánto falta para que funcione?».

Sea cual sea el motivo que nos haya llevado a sentarnos a meditar, debemos olvidarlo en el mismo momento en que nos sentamos. Solo así podremos mantener esta actitud sin intención durante la meditación, solo así podremos actualizar nuestra mente original.

Y si en algún momento caemos en pensar en lo que esperamos, o deseamos, lo dejamos pasar y volvemos a concentrarnos en la dinámica de la meditación. Aunque hayamos tenido antes mil pensamientos con intención, si el que aparece ahora es sin intención, nuestra mente original se actualiza automáticamente. Y claro, también al revés, aun después de mil pensamientos sin intención, si en el pensamiento que aparece ahora ponemos intención, volvemos al funcionamiento ordinario de la mente.

Basta un solo pensamiento para pasar de una manera de pensar a otra, no hay nunca nada fijo en nuestra mente. Eso es también lo que podemos experimentar con la conciencia *hishiryo*.

Hishiryo

Shiryo significa 'pensamiento' y *fushiryo* 'no pensamiento', *hishiryo* es 'más allá del pensamiento y del no pensamiento'. La conciencia *hishiryo* aparece cuando no fijamos la mente ni en el pensamiento, ni en el no pensamiento. Eso significa que, al dejar pasar los pensamientos, la mente se clarifica y se calma. Pero no significa que la claridad y la calma sean el objetivo de la meditación.

Buscar la calma y la claridad o tratar de retenerlas es una forma de apego al no pensamiento. Durante zazen, la mente fluye libremente, no se queda fija ni en los pensamientos, ni en el no pensar, ni en la claridad, ni en la calma.

Es algo difícil de entender al principio, muchos principiantes me comentan preocupados: «Es que no consigo parar mis pensamientos», y se sorprenden cuando les digo: «La meditación no consiste en parar los pensamientos, sino en dejarlos pasar». Los pensamientos aparecen por el karma, es decir como consecuencia de cosas que hemos hecho, dicho o pensado antes, en el pasado. No podemos impedir su aparición y, por lo tanto, solo podemos aceptarlos sin juzgar. Luego podemos dejarlos marchar sin más.

Un día preguntaron al maestro Yaoshan:

—¿Cuando haces zazen, en qué piensas?

Este respondió:

—Pienso sin pensar.

—¿Cómo se piensa sin pensar? —le replicaron.

—Más allá del pensamiento y del no pensamiento —respondió él.

Bodaishin

Bodaishin (en japonés) o *bodhicitta* (en sánscrito) es el espíritu del despertar. Una de las condiciones para la realización del despertar más elevada es la aspiración a despertar a los demás seres sensibles antes que a nosotros mismos. Es la viva expresión de la compasión zen. Sin duda, uno de los motores fundamentales de la práctica.

Cuando antes hablábamos de los diferentes motivos o razones que podemos encontrar para practicar la meditación, no nos hemos detenido a pensar en las limitaciones de estas motivaciones. Por ejemplo, si meditamos para encontrar el bienestar, en cuanto nos encontremos bien, seguramente dejaremos de practicar la meditación. Si pretendíamos librarnos del estrés y la ansiedad, en cuanto nos libremos de ellos, aunque sea por un día, dejaremos de practicar, y al poco tiempo caeremos de nuevo en el mismo tipo de sufrimiento. Sucede lo mismo con ciertas enfermedades psíquicas. Meditar buscando solo nuestro bienestar impide que continuemos meditando cuando ya nos encontramos bien, y eso impide que podamos llegar a la raíz de lo que nos causa el sufrimiento.

Incluso si nuestra motivación es realizarnos espiritualmente, iluminarnos, despertar, llegará un momento en el que consideraremos que hemos llegado a algo, y sea cierto o no, dejaremos de practicar, lo que nos impedirá ir más allá, hasta la realización última. Cualquiera que sea el motivo egoísta, y es egoísta en el sentido que es algo que solo queremos para nosotros mismos, nos puede dar un empujón al principio, pero en cuanto conseguimos, o mejor dicho, creemos que conseguimos algo, la motivación se termina.

Es como disparar una flecha al cielo. Aunque nuestro arco sea muy potente, la flecha subirá hasta llegar a un determinado punto, y después iniciará su caída. De ahí tanta insistencia en el *mushotoku*. Actuar con la intención de obtener un beneficio personal es algo que nos da una energía, una motivación, pero esta siempre será limitada. Aunque al principio nos apoyemos en este tipo de motivación, es difícil continuar mucho tiempo con ella. Si verdaderamente queremos seguir con la práctica durante años, o toda una vida, deberemos abandonar toda motivación egoísta.

Por el contrario, si lo que nos motiva es la compasión, si de todo corazón aspiramos al despertar de todos los seres, antes que el nuestro propio, esa motivación es ilimitada, como son ilimitados los seres. Es ilimitada, como son ilimitadas las cosas que podemos hacer para ayudar a los otros seres a despertar. Y aunque nuestro cuerpo-mente también necesite reposar de vez en cuando, la motivación y la energía que provienen de la compasión es infinita, inacabable.

Los que llevan una práctica espiritual dedicada a los demás reciben cada día la bendición de esta energía infinita, y la emplean en ayudar a los demás a realizar su práctica. Y en lugar de acabar agotados, sin fuerza, o desmotivados, cada día la energía es mayor, cada día son más los seres a los que pueden ayudar.

A veces me preguntan: «¿Cómo puedo desarrollar la compasión?», «¿cómo puedo generar el espíritu del despertar, *bodaishin*?». Dice Dogen que *bodaishin* surge de la mente discriminativa, de nuestra capacidad de discernir entre sufrimiento y no sufrimiento, de ahí la aspiración a despertar. Nagarjuna dice que la mente que aspira a despertar no es otra que la mente que contempla la impermanencia, es decir, la aparición y la desaparición de todos los fenómenos, tal como hacemos en zazen. Cuando aparecen sensaciones y pensamientos, al volver a la postura y a la respiración, los vemos desaparecer. Zazen en sí mismo es esta aspiración al despertar.

Lo ilustra perfectamente la historia entre Mazu y Nangaku.

> *Nangaku se encontraba haciendo zazen, cuando Mazu le preguntó:*
>
> *—¿Por qué haces zazen?*
>
> *Nangaku respondió:*
>
> *—Aspiro a convertirme en buda.*
>
> *Entonces Mazu empezó a pulir una teja contra una roca, y Nangaku le preguntó:*
>
> *—¿Por qué pules la teja?*
>
> *Mazu respondió:*
>
> *—Aspiro a convertirla en un espejo.*
>
> *Nangaku dijo:*
>
> *—¿Cómo vas a convertirla en un espejo?*
>
> *Mazu replicó:*
>
> *—¿Cómo vas a convertirte en buda?*

Mazu es un gran maestro y plantea la cuestión «¿cómo vamos a convertirnos en buda si ya somos buda?». Pero Nangaku también es un gran maestro, dice que «zazen es en sí mismo la aspiración a despertar».

Así que, ciertamente, si lo que queremos es generar *bodaishin*, es muy sencillo, basta con practicar la meditación con los demás, aunque para ello tengamos que salir de nuestra zona de confort. Nuestra presencia contribuye a crear un espacio de práctica para los demás, y si además asumimos una cierta responsabilidad para con el grupo, aunque solo sea preparar un té o pasar la escoba, esta pequeña dedicación a los demás abre nuestro corazón y nuestra práctica genera *bodaishin*, y a su vez *bodaishin* será una motivación para nosotros mismos, una motivación libre de intención egoísta. Una motivación que puede llevarnos hasta la realización última. Solo los meditadores que comprenden esto pueden meditar durante años sin cansarse, solo ellos pueden hacer de la meditación el eje de sus vidas.

Experiencias cumbre

La práctica de la meditación realizada de una forma intensiva, como hacemos en los retiros, nos lleva a menudo a experiencias sublimes. No es que sea ese el objetivo del retiro. Que no se produzcan experiencias cumbre no quiere decir que estemos haciendo algo mal, pero aunque no las busquemos, si se producen las disfrutamos en el momento, sin tratar después de retenerlas ni lamentar su desaparición.

La manera como las personas viven estas experiencias y las explican depende en gran medida de su cultura espiritual. Estas experiencias están más allá de las palabras, pero cuando tratamos de explicarlas, lo hacemos según nuestro lenguaje, nuestras nociones sobre la espiritualidad, la influencia de los libros leídos, las historias que nos han contado. Eso significa que aunque estas experiencias se expliquen de forma muy diferente, podrían ser muy parecidas, y también que, aunque se expliquen de manera muy parecida, en realidad, hayan sido muy diferentes.

Así que debemos aprender a no juzgar estas experiencias por sus apariencias. Después de haber tenido una experiencia completamente sublime, podemos no ser capaces de decir una sola palabra, como también un momento de ligera claridad puede inspirarnos los más bellos pensamientos.

Aun así, esas experiencias están ahí, y el testimonio de algunas personas nos las describen tal que así:

«De pronto, el mundo se abrió, sentí que mi vida cobraba sentido, bastaba ese momento para dar sentido a una vida entera».

«Fue como una luz que subía por mi columna vertebral y estallaba en mi cabeza, haciéndome estremecer. Durante horas un gozo inmenso rebosaba mi corazón, hasta hacerme llorar».

«Me sentí en comunión con todos los demás, su felicidad era mi felicidad, una compasión sin límites me hacía ver a todos los seres como si fueran mis hijos».

«No se podía distinguir el goce del dolor, el frío del calor, todo era existencia, nada más».

«Estaba deseando que zazen no terminara nunca, sentado en el zafu, no quería estar en ninguna otra parte».

Sin duda, la lista podría ser más larga. Esto son solo unos ejemplos. Muchos practicantes de zazen han tenido experiencias cumbre como estas, aunque hay que decir que no todo el mundo las tiene. El hecho de tenerlas no significa que se esté más avanzado en la práctica, ya que estas experiencias se dan también en principiantes. Maslow,[4] un investigador sobre experiencias cumbre, sugiere que las personas que no las tienen es

4. Abraham Maslow, *Religiones, valores y experiencias cumbre*, Ediciones La Llave, Barcelona, 2013.

porque el control que ejercen sobre sí mismas es tan grande que les impide abandonarse a ellas.

Pero lo que nos interesa saber de estas experiencias es qué relación tienen con el satori, con el despertar abrupto. En estas experiencias cumbre se produce una experiencia de liberación que se manifiesta con un profundo sentimiento de gozo. Esta liberación es fruto de una revelación de la naturaleza original, emparejada a un gran desprendimiento.

Podríamos decir, de forma sintética, que desprenderse de un apego, pongamos por ejemplo un apego a nuestra imagen personal, desencadena la revelación de la verdadera naturaleza de nuestra persona, su vacuidad, su unidad con el cosmos, y esa revelación es una liberación, un gran gozo.

Siempre me gustó la manera en que Herman Hesse lo describe en su célebre obra *Demian*: el pájaro rompe el cascarón, el cascarón es el mundo, quien quiera nacer tiene que romper un mundo, el pájaro vuela hacia Dios.

Es una metáfora perfecta, porque nos desprendemos de algo que es como una cáscara que nos envolvía, una opinión, una visión del mundo… Esa cáscara es nuestro mundo, el mundo tal como lo vemos a través de nuestros condicionantes del ego. Abandonar este mundo limitado es renacer a nuestra naturaleza original, y volver a ser libres.

Satori

Podemos considerar estas experiencias cumbre como pequeños satori, pequeños despertares que nos dejan vislumbrar nuestra naturaleza; pueden durar unos minutos o pueden dejarnos un sentimiento que nos acompañe unos días, pero no son el despertar completo, solo una visión momentánea, como cuando en una tormenta nocturna de pronto un rayo ilumina la noche, y vemos por un momento como si fuese de día, para volver después a la oscuridad.

Aunque no sean experiencias definitivas, estas iluminaciones momentáneas refuerzan nuestra fe, nuestro convencimiento de que la liberación es posible. Lo hemos vivido, nadie puede negárnoslo, ni nosotros mismos. Es bueno para la práctica aceptar, reconocer estas experiencias y apreciarlas. Pero no debemos apegarnos a ellas, no debemos pensar que a partir de esta experiencia algo haya cambiado sustancialmente en nosotros. Es muy importante que no convirtamos una experiencia de insustancialidad en una nueva sustancialización de nuestro ego.

Algunas personas tienen dificultades para dedicarse a la práctica de zazen con los demás, por el hecho de haber vivido alguna experiencia cumbre. Ello es porque les da la falsa sensación de que ya han llegado a alguna parte. Pero sabemos perfectamente que no hay ningún lugar al que se pueda llegar en la mente: no hay nada fijo en la mente. La mente es pura y solamente actividad.

Así que la recomendación es disfrutar de estas experiencias si aparecen, pero sin aferrarse a ellas, sin darles un valor absoluto que no tienen. Son una referencia que nos sirve como estímulo para seguir practicando.

Por otro lado, si no hemos tenido estas experiencias, tampoco debemos frustrarnos por ello, ni sacar conjeturas. Es algo que puede pasarnos en cualquier retiro, pero aunque no aparezcan, no significa que no lo estemos haciendo bien. En cualquier caso, no debemos buscar estas experiencias, si lo hacemos huirán de nosotros como se aleja un gato cuando queremos cogerlo. Si no lo buscamos, acabaremos por topar con él.

El maestro Deshimaru explicaba esta historia cuando le preguntaban sobre el satori: había una vez un hombre muy pobre que vivía en la entrada de un bosque profundo. Casi no tenía dinero para vivir y siempre se lamentaba de su suerte miserable. Una noche, cuando estaba a punto de cenar, llamaron a la puerta de su casa. Era un monje zen que le pidió poder alojarse allí aquella noche. El hombre lo acogió amablemente, compartió con él su humilde cena y después le dejó su propia cama para que pasase la noche. A la mañana siguiente, antes de irse, el monje le dijo:

—Has sido muy amable y hospitalario conmigo; por eso, en agradecimiento, te confiaré un tesoro. Delante mismo de la puerta de tu casa, allí, en ese bosque espeso, vive un animal fabuloso que se llama Satori. Su vida transcurre en la copa de los árboles, allí come y duerme. El que consiga cazarlo no tendrá que preocuparse nunca más por nada; no habrá deseo que no pueda saciar y vivirá en paz el resto de su vida. El hombre se puso muy contento, y cuando el monje se hubo marchado, se fue al pueblo y se compró un hacha, e inmediatamente se puso a cortar árboles. «Con un poco de suerte —pensaba—, lo sorprenderé mientras duerma y antes de que se dé cuenta, ya lo habré cazado.»

Pero el animal Satori era muy sabio y muy viejo, y además, poseía la facultad de leer el pensamiento; por eso, cada vez que el hombre se acercaba al árbol donde estaba él, captaba sus intenciones y se trasladaba a cualquier otro árbol.

Así pasó el tiempo. Cada vez que el hombre se acercaba al animal Satori, este cambiaba de árbol. El hombre ya había cortado muchos árboles y aprovechaba la madera para venderla como leña en el pueblo. Así sus problemas económicos se iban solucionando. Llegó un día en que ni siquiera pensaba en el animal. Cortaba un árbol, recogía la leña y se iba.

El animal Satori también había dejado de tenerle miedo. No captaba en él ningún pensamiento amenazador.

Una mañana el hombre estaba, como de costumbre, cortando un árbol, cuando el animal Satori cayó a sus pies. Estaba durmiendo en la copa del árbol y no había podido detectar en la mente del hombre ni un solo pensamiento que le avisara de su presencia.

Lo más importante es tener claro que la práctica de zazen en sí es satori. La práctica de zazen en sí es el despertar. Aunque las experiencias cumbre nos puedan parecer muy gratificantes, no debemos olvidar nunca que la propia práctica es el satori, y que por eso no hay que buscar esas experiencias, solo dedicarse a seguir la práctica. Los que no las hayan tenido no deben preocuparse, solo seguir la práctica. Los que las hayan tenido, no deben apegarse, solo seguir la práctica.

Samadhi

Samadhi en sánscrito significa 'concentración'. El *samadhi* de la meditación zen es una concentración que se sostiene a sí misma. Solemos decir que es una concentración que se ilumina a sí misma para referirnos a su capacidad de autoalimentarse. Esta es una característica significativa respecto a otros tipos de meditación, en los que la concentración se basa solo en un esfuerzo continuado y voluntarioso.

La capacidad de iluminarse a sí mismo del *samadhi* de zazen proviene de la dinámica que se crea entre cuerpo y mente, que ya hemos mencionado. Nos concentramos en mantener en equilibrio la postura del cuerpo, en la posición de piernas cruzadas y la espalda erguida. Si nos distraemos con nuestros pensamientos, eso hará que nos alejemos del equilibrio y nuestro sentido del equilibrio nos avisará, lo que nos hará volver inmediatamente a la concentración en la postura.

Por si el sentido del equilibrio no fuera suficiente, la distracción nos hará caer en posiciones incómodas del cuerpo, incluso dolorosas. La sensación de incomodidad o de dolor nos advertirá de nuestra distracción, y como un faro que nos alerta de la situación de la costa, nos empujará de nuevo a concentrarnos en la postura de equilibrio de nuestro cuerpo. En la espléndida película de Akira Kurosawa *Vivir*, hay un diálogo entre el funcionario a quien se le pronostica un año de vida por un cáncer de estómago, y otro enfermo con quien se encuentra en la consulta del médico. Cuando el protagonista se retuerce de dolor en la sala de espera, el hombre le dice que considere como algo feliz sentir dolor en el estómago en ese momento, porque eso significa que está vivo.

Es justo esta dinámica de volver continuamente al cuerpo y a la respiración la que hace que la concentración se alimente a sí misma, a partir del *feedback* con las sensaciones corporales. Si meditamos en otra postura corporal, en la que no se den estas condiciones, por ejemplo, si estamos tumbados o sentados en una silla, solo contamos con nuestro esfuerzo para mantener la concentración. Nuestro esfuerzo consume energía, y la energía es limitada. Cuando se termina la energía, dejamos de esforzarnos, perdemos la concentración y la mente se dispersa. Eso explica que, si meditamos en estas posturas aparentemente más cómodas y relajadas, es difícil mantener una buena concentración durante largo tiempo, y tratar de hacerlo nos producirá cierta fatiga.

En cambio, cuando meditamos con las piernas cruzadas y la espalda recta, la dinámica creada entre la concentración en la postura y las sensaciones de equilibrio y de incomodidad hace que la concentración esté retroalimentada y se vaya haciendo cada vez más profunda a lo largo de la sesión de meditación, sin que apenas tengamos que esforzarnos. Así podremos conseguir estar mucho tiempo en meditación, altamente concentrados y sin fatigarnos.

¿Y si una persona no puede hacer esta postura, o está enferma y postrada en la cama, no puede entrar en este *samadhi*?

Si una persona está enferma y postrada en la cama, y no puede hacer esta postura, puede entrar también en esta dinámica, a partir de concentrarse en sentir su cuerpo y la respiración. Las sensaciones de su cuerpo relacionadas con la enfermedad serán el apoyo para desarrollar la concentración.[5] Pero para una persona sana eso no funcionará igual.

Asimismo, si tenemos dificultades en sentarnos con las piernas cruzadas, eso no quiere decir que no podamos entrar en la misma dinámica. Pero es muy recomendable que busquemos consejo en un maestro de meditación zen, ya que podría ser que no estuviéramos aprovechando todo nuestro potencial, simplemente por un exceso de aprecio a la comodidad.

---

5. Un ejemplo de práctica de una persona enferma es el de Yaeko Iwasaki, quien realizó la Vía estando postrada en su cama hasta el día de su muerte. Se pueden leer sus cartas a su maestro en Philip Kapleau, *Los tres pilares del Zen*, Gaia Ediciones, Madrid, 1994, pp. 303-326.

Prajna

Prajna es la sabiduría. No se trata de la sabiduría de acumular conocimientos, como se suele entender en Occidente, sino que se refiere más bien a una visión profunda y directa de la naturaleza de las cosas. *Prajna* emerge de zazen, de soltar presa y del no mantener la mente fija en nada.

Cuando una cosa aparece en nuestra mente, vemos su aparición, que es solo una parte de la cosa en sí. Si nos apegamos a ese fenómeno, no podemos ver su naturaleza completa, tan solo una ilusión. Cuando soltamos, siguiendo la dinámica de la meditación, para volver al cuerpo y la mente, cuando soltamos esa cosa, eso desaparece y podemos completar entonces la visión de su auténtica naturaleza, su aparecer y su desaparecer, sin dejar traza. Esa es la visión de su vacuidad, y esa visión directa de su naturaleza es un conocimiento que nos confiere una inmediata sabiduría, es una revelación.

Así es cómo podemos decir también que *prajna* surge de la dinámica creada entre el cuerpo y la mente por zazen. *Prajna* no puede surgir solo de la mente, no es solo pensamiento, es cuerpo-mente, y emana del gesto de soltar sin intención. Del desprendimiento del ego y sus condicionantes.

Dhyana

Muchos historiadores sostienen que la palabra *zen* tiene su origen en el término *dhyana*, que derivó en China en *chana*, luego en *chan*, y en Japón se convirtió en *zen*. *Dhyana*, por lo tanto, describe la meditación.

Dhyana es a su vez *samadhi* y *prajna*. Concentración y sabiduría, donde, como hemos dicho, por sabiduría entendemos una visión directa de la naturaleza de las cosas y no una comprensión intelectual. Esta descripción de *dhyana* es equivalente a la que se hace en el Vipassana, donde *dhyana* se compone de *samatha* y *vipassana*. Aunque pueda haber algunos matices, *prajna* y *vipassana* se refieren al mismo concepto, una sabiduría o visión directa de la naturaleza de las cosas.

Samadhi y *prajna* son dos aspectos de *dhyana*, la meditación, pero eso no significa que puedan existir por separado. El maestro Eno, en el Sutra de la Plataforma, hace especial hincapié en ello. *Samadhi* y *prajna* son inseparables. Sin *prajna*, la concentración no es más que una concentración ordinaria. Un ladrón también puede concentrarse para hacer sus fechorías sin ser descubierto, pero esa concentración no es *samadhi*.

Al mismo tiempo, la sabiduría, sin *samadhi*, solo es sabiduría ordinaria, no es la visión de la verdadera realidad de las cosas. Algunos creen equivocadamente que *prajna* o *vipassana* son un nivel superior a *samadhi*, y que cuando uno tiene ese nivel no es necesaria la práctica de *samadhi*. Eso es equivalente a creer que están iluminados y que esa iluminación es algo permanente en su mente, un nivel adquirido. Pero no hay nada fijo en la mente, la mente es un proceso dinámico que no puede quedarse en nada. Los que creen que están en algún nivel, donde realmente están es en una ilusión.

Dhyana no es otra cosa que zazen, tal como lo practicamos. Desarrollamos la concentración en el momento presente, aceptando sin juzgar el pensamiento que aparece, para soltar sin intención y ver, en su desaparecer, la verdadera naturaleza de las cosas; su insustancialidad.

Los cuatro *dhyanas*

El buda describe cuatro *dyhanas* en el mundo de la forma, que podemos experimentar a medida que nos desprendemos de nuestros apegos y condicionantes. No hay que entender estos *dhyanas* como niveles a los que podemos llegar y quedarnos. Recordemos que en la mente no hay nada fijo, no hay lugar donde quedarse, ya que es una actividad asociada al ir y venir de los fenómenos.

Habiendo hecho esta salvedad, podemos entender los diferentes *dhyanas* como diferentes grados de desprendimiento. Algo parecido a cuando vamos sacando las diferentes capas de una cebolla. Tampoco debemos entenderlos como una secuencia, es posible pasar directamente al cuarto sin pasar por el primero y el segundo, aunque lo más habitual es experimentar con más frecuencia los primeros.

Insistimos en que, al no ser la mente algo fijo, estos estados son muy sutiles y efímeros. Puede que los experimentemos sin darnos cuenta. Incluso un principiante puede pasar por ellos el primer día, aunque solo sea por breves instantes, pero lo que es casi seguro es que, dada su sutileza, no podrá identificarlos hasta que tenga más experiencia con la meditación.

El primer *dhyana*

Entramos en el primer *dhyana* cuando nos desprendemos de los cinco obstáculos: el deseo, el odio, la pereza, la preocupación y la duda. Esto hace que nuestra mente encuentre un estado de calma y gozo. Podemos pensar y discernir con claridad, sin el enturbiamiento de emociones intensas.

Una historia nos lo puede ilustrar mejor. En la antigua India, un anciano se encontraba sentado en la plaza de un pequeño pueblo cuando vio pasar a un joven montado a caballo a toda velocidad, cruzando la plaza de este a oeste. Al poco volvió a pasar, pero esta vez de norte a sur. Aún pasó un par de veces más en diferentes direcciones, hasta que el anciano le preguntó: «¿Hacia dónde te diriges?». Y el joven respondió: «No lo sé, pregúntale al caballo».

Entrar en el primer *dhyana* es no dejarnos arrastrar por el caballo desbocado de nuestros impulsos, de odio o de deseo, y tomar las riendas de nuestra vida.

Segundo *dhyana*

En el segundo *dhyana* nos desprendemos de la lucha entre los opuestos, dejamos de juzgar, de comparar, de buscar pros y contras, dejamos los razonamientos y las reflexiones, la mente se vuelve unificada.

Generalmente en nuestra mente hay una lucha entre lo bueno y lo malo, lo justo y lo injusto, lo que nos agrada y los que nos desagrada, y en esa lucha nuestro pensamiento oscila como un péndulo, considerando que algo es divertido y, al poco tiempo, considerando que es aburrido.

Por ejemplo, tanto consideramos que la meditación nos va muy bien cuando al poco rato no podemos aguantarla ni un minuto más. Este ir y venir como un péndulo, de un extremo al otro de nuestro pensamiento, es una manera de funcionar propia de la mente que juzga, compara y evalúa. Consume una gran energía y nos fatiga.

Por ello, cuando nos desprendemos de la lucha entre los opuestos, surge un gran gozo, una gran felicidad, es como haberse desprendido de una pesada carga.

Podemos ilustrar este *dhyana* con la siguiente historia:

El maestro Tozan estaba de viaje cuando vio una hoja que bajaba flotando por el río, y pensó: «Debe de haber un ermitaño en la profundidad de esta montaña». Siguió la corriente hacia arriba y se encontró con el ermitaño.

Tozan le preguntó:

—No hay camino hasta aquí. ¿Cómo has llegado?

El ermitaño:

—No he llegado siguiendo nubes o agua.

Y Tozan:

—¿Cuánto tiempo hace que vives en esta montaña?

—No me preocupa el paso de la primavera o el otoño.

—¿Vivías primero tú aquí, o vivía primero la montaña?

—No lo sé.

—¿Por qué viniste a la montaña?

—Un día pude ver a dos bueyes de barro luchando entre sí, hasta perderse en el océano. Desde entonces todas las inquietudes han cesado.

Tercer *dhyana*

En el tercer *dhyana* nos desprendemos del observador, de la dualidad objeto-sujeto, de la ilusión del yo. Si en los *dhyanas* anteriores podíamos tener la perspectiva de un observador que contempla los fenómenos de la mente, de un yo que siente gozo y felicidad, ahora abandonamos esa perspectiva y el gozo disminuye, se vuelve más sutil, aparece la ecuanimidad. Un sentimiento de unidad con todo el universo nos invade.

Eso significa que cuando percibimos una sensación como un sonido, lo percibimos sin sentir una separación entre nosotros y el sonido, somos uno con el sonido. Si aparece una sensación de dolor, no lo vemos como algo ajeno y molesto, sino como algo de lo que formamos parte. Somos uno con el dolor.

Ilustraremos este *dhyana* con la siguiente historia:

Un monje llega al templo de Tozan que se encuentra en una zona montañosa. Tozan le pregunta al monje al llegar:

—¿Por dónde has venido?

—He venido por esa montaña —dice este señalando una gran montaña que destaca en el paisaje.

—¿Has llegado a la cima de la montaña?

—Sí, he llegado —le responde el hombre.

Y dice Tozan:

—¿Había alguien en la cima de la montaña?

—No, no había nadie.

—Tú no has llegado a la cima de la montaña.

—Si no hubiera llegado, ¿cómo sabría que no había nadie?

Tozan es muy hábil. Cuando pregunta si había alguien en la cima de la montaña abre un doble significado: ¿hay alguien cuando estamos en la cima de la montaña?

Si respondemos que sí, es que aún no hemos alcanzado la cima; si respondemos que no, es que aún no hemos alcanzado la cima.

Por eso al ver que el monje ha caído en su trampa, le replica: «Tú no has llegado a la cima de la montaña». Pero este monje se defiende bastante bien. «¿Si no hubiera llegado, como sabría que no había nadie?».

Cuarto *dhyana*

Al abandonar el ego entramos en la percepción de la vacuidad. Pero la vacuidad tampoco es un lugar en el que nos podamos quedar. En el cuarto *dhyana* nos desprendemos de la vacuidad, no se distingue entre el placer y el dolor, entre el sufrimiento y el gozo, lo que nos conduce a una gran ecuanimidad y serenidad.

Podemos ilustrar este *dhyana* con la siguiente historia:

Un día muy caluroso de verano, un monje dijo a Caoshan:

—Hace un calor insoportable. ¿Dónde podríamos evitar el calor?

Caoshan respondió:

—En las brasas ardientes de un horno.

Y el monje replicó:

—¿Cómo podemos evitar el calor allí?

—El sufrimiento no puede llegar.

El monje se quedó en silencio.

Los siete factores del despertar

Ya vimos en un capítulo anterior que la atención a la respiración nos permite desarrollar los fundamentos de la atención plena y, según las enseñanzas budistas, establecer la atención plena en todas las dimensiones de nuestro ser hace que se desarrollen los siete factores del despertar.

Estos siete factores son: la atención, la indagación de la realidad, la energía, el gozo, la serenidad, la concentración y la ecuanimidad. Podemos decir que, cuando estos factores están presentes, la mente sigue la Vía, y sostiene el despertar.

La atención

El primer factor del despertar es la atención, atención es estar presente en el cuerpo y la mente, manteniendo un contacto íntimo con la respiración y con todo lo que surge en nuestro ser. Eso implica una actitud receptiva, de observación y de exploración, y hace surgir el siguiente factor del despertar, que es la indagación de la realidad.

La indagación de la realidad

La indagación de la realidad es mantener una actitud exploratoria sobre aquello que estamos observando, como cuando sentimos las sensaciones y las percepciones con una mente de principiante, como si fuera la primera vez que sentimos algo así. Es indagar en la naturaleza de los fenómenos de la mente, y cada vez que aparece una ilusión, una emoción, una sensación, preguntarnos: «¿Qué es esto?».

La energía

Esta actitud exploratoria de indagación de la realidad hace crecer la energía, el esfuerzo, que es el siguiente factor. Esta energía y motivación aumentan la concentración en la atención y en la indagación de la realidad, de manera que se origina un círculo virtuoso, y este círculo virtuoso hace emerger el gozo.

El gozo

El gozo es el fruto del desprendimiento, de la cesación del apego, de la liberación de una carga. Cuando la mente entra en el flujo de la mente de principiante, atenta y despierta, suelta presa, suelta las cosas a las que suele estar atrapada, y este soltar produce un gozo inmediato, como el que sentimos cuando nos liberamos de una pesada carga. Este gozo nos sosiega, nos da más energía y motivación, y hace surgir la serenidad, que es el siguiente factor del despertar.

La serenidad

La serenidad aparece cuando se han calmado el desasosiego y la inquietud, cuando no nos sentimos amenazados por nada, cuando no sentimos ninguna necesidad artificial. La serenidad es la templanza, la distancia que nos otorga el desapego, con el que podemos ver las cosas tal como son, sin teñirlas con nuestros impulsos o emociones. Esto favorece aún más la concentración, que es el siguiente factor.

La concentración

La concentración es orientar la energía en una acción, en una actividad. Durante zazen, la concentración se alimenta a sí misma, focalizando la energía y reforzando la atención y la indagación de la realidad, que junto con el gozo y la serenidad hacen surgir la ecuanimidad, el séptimo factor.

La ecuanimidad

La ecuanimidad es percibir los fenómenos sin prejuicios, acogiéndolos todos por igual, sin importar si son pensamientos buenos o malos, si son emociones negativas o positivas, si nos agradan o si nos desagradan. La ecuanimidad es no crear separación entre yo y los fenómenos, ni entre yo y los demás, ni discriminar a priori entre unas personas y otras.

La influencia de estos factores no es una secuencia, sino que todos se relacionan con todos, todos se influencian entre sí, y si están presentes se potencian mutuamente, haciendo entrar la práctica en un círculo virtuoso de perfeccionamiento. Hacen crecer la práctica, hacen crecer el despertar.

Perfeccionar la Vía y realizar la liberación

Estos siete factores de ecuanimidad, concentración, serenidad, gozo, energía, indagación de la realidad y atención, cuando están presentes nos llevan a perfeccionar la Vía y realizar la liberación, que no es otra cosa que el desapego, un cierto distanciamiento emocional, el desapasionamiento y la cesación, dejar pasar, soltar la presa, abandonar el cuerpo y la mente.

Esto es justo lo que sucede en la práctica de zazen: se desarrollan los fundamentos de la atención y se cultivan los siete factores del despertar, y no es necesario siquiera el pensar en ello, solo dejarse llevar por la dinámica de zazen, dejar pasar, volver al momento presente, y la Vía se realiza.

10. *El despertar del caos*

En un retiro a orillas de la costa atlántica, estoy sentado en la arena de una playa, donde los acantilados entran en el mar. Unas olas gigantescas baten tan fuerte que su rugido lo invade todo. Contemplo en silencio el ir y venir de estas ondulaciones, relieve de este bravo océano de poniente, y me pregunto, aun a riesgo de dejar de saborear ese instante, ¿cómo pueden emerger del caos oceánico ondulaciones tan ordenadas como esa larga ola gigante? Aún sin la respuesta, siento como si acabara de descubrir un secreto. Quizás esa sea la esencia de la belleza de tan singular espectáculo, el orden emergiendo espontáneamente de las profundidades del caos.

Podemos reflexionar sobre la relación que mantienen esos eternos opuestos, el caos y el orden, que, como el yin y el yang, transforman continuamente nuestro universo. Las leyes de transformación entre el caos y el orden son conocidas en el seno de la física, en una disciplina conocida como termodinámica. Son unas leyes físicas de gran valor filosófico, ya que las podemos aplicar a muchas situaciones de la vida cotidiana. El segundo principio de la termodinámica dice algo así como: «En un universo aislado el desorden (la entropía) siempre aumenta».

Este enunciado siempre me ha parecido una afirmación muy romántica, y digo romántica porque así me parece la idea de un caos imparable en continua expansión, igual que se expande una tormenta veraniega en una oscura noche sin estrellas, escena que bien podríamos encontrar en algún cuento de Bécquer. El universo en el que vivimos tiende irremisiblemente al caos y al desorden. Y eso es algo que tenemos asumido perfectamente, porque podemos observarlo a diario en nuestro entorno. Sabemos que hay que limpiar y ordenar la casa, porque tiende incesantemente al desorden; tenemos que arreglar periódicamente la fachada, pintar sus paredes, porque paulatinamente se degradan; nosotros mismos tenemos que arreglarnos diariamente, peinarnos o afeitarnos, porque también de natural nuestro aspecto adquiere un aire desordenado; incluso el envejecimiento de los seres vivos y su muerte es un proceso de desordenación: después de la muerte, nuestro cuerpo se descompone y desordena hasta desaparecer. En fin, podríamos dar una lista interminable de ejemplos de cómo nos vemos obligados a corregir continuamente esa tendencia natural del cosmos a desordenarse, a sumirse en el caos, y cómo, en otros casos, simplemente debemos aceptarlo. Nada de eso nos sorprende, lo que realmente nos sorprende es cuando la situación contraria se produce, cuando del caos emerge el orden, a veces incluso de forma abrupta y espontánea. Ese fenómeno también es estudiado con interés por una rama de la física. Es cuando se crean unas formas que se conocen como fractales, que se han observado en la creación de cristales.

El segundo principio de la termodinámica que explica la tendencia al desorden da todavía mucho más de sí filosóficamente, pero para entenderlo introduciremos antes el primero.

El primer principio de la termodinámica es mucho más conocido por todos. Casi podríamos decir que forma parte de nuestro sentido común, se enuncia así:

«En un universo aislado, la energía siempre se conserva». Es la famosa ley de conservación de la energía, que todos hemos oído alguna vez; es la ley que puede explicar experimentos como los de Galileo, quien dejando caer una bola por una rampa, observaba cómo esta bola era capaz de ascender por otra rampa hasta la misma altura desde la que se la había dejado caer (sin rozamientos). Un péndulo, una vez lo soltamos, empieza a oscilar y vuelve a la misma altura. Hay muchos ejemplos de procesos reversibles en los que la conservación de la energía, si no hubiera rozamiento, sumiría a los objetos en un eterno movimiento continuo.

Pero en la naturaleza existen procesos que no son reversibles. Por ejemplo, podemos dejar caer un vaso al suelo y este se rompe en mil pedazos; si los recogemos y los lanzamos de nuevo al aire, la ley de conservación de la energía no impide que podamos considerar que el vaso volviera a reordenarse de nuevo, juntando todos sus trocitos; pero eso no es así.

También podríamos suponer que al subir una cuesta con el coche consumiendo un litro de gasolina, al volver a bajar recuperaríamos el litro de gasolina. Eso sería un proceso reversible acorde a la ley de conservación de la energía, que además sería muy económico para nuestro bolsillo; pero no es así, y bien que lo sabemos.

Cuando una célula se alimenta, crece y envejece, podríamos invertir las reacciones químicas que se producen y la célula rejuvenecería, y devolvería los alimentos ingeridos, y eso no infringiría la ley de conservación de la energía; pero eso no es así.

Por eso se precisa la segunda ley de la termodinámica:

«En un universo aislado, la entropía [el desorden] siempre aumenta».

Eso explica que el vaso pueda romperse al caer —aumenta el desorden—, pero impide que al lanzarlo al aire recupere su forma original, porque la entropía disminuiría y violaría esta segunda ley.

También explica que, una vez que quemamos un litro de gasolina desordenándola químicamente para producir trabajo y calor con el motor del coche, no es posible reordenarla de nuevo invirtiendo el movimiento del motor del coche, porque la entropía disminuiría.

Y lo que es más importante. En la vida de una célula, explica por qué en el proceso de alimentación y metabolismo de los alimentos, el desorden químico que se genera en ellos no es reversible, porque disminuiría la entropía.

Entonces el crecimiento y la muerte de la célula, íntimamente ligados a su metabolismo, por ser también un proceso de desordenación, no pueden revertirse, y la muerte de la célula es, como ya sabemos, irreversible.

La formulación de que el universo tiende al desorden es equivalente a afirmar la irreversibilidad del tiempo. Si nos figuramos que el tiempo fuera reversible, todos los procesos serían reversibles. Bastaría con invertir el tiempo para revivir una célula muerta. Pero la irreversibilidad del tiempo está íntimamente ligada a la tendencia irremisible de aumentar el desorden. Teóricamente, puede demostrarse su equivalencia.

Si aplicamos esta ley de la termodinámica sobre los seres vivos, algo muy interesante, nos damos cuenta de que es la causa de la impermanencia de las cosas. Si los procesos pudieran ser reversibles, la muerte no sería más que un estado transitorio reversible. La impermanencia es la consecuencia de la irreversibilidad de los procesos reales. Cuántas veces no hemos sentido miedo ante la irreversibilidad de algunos sucesos en nuestra vida; cuando después de una pérdida, de un error, nos damos cuenta de que lo sucedido es irreversible, y nos preguntamos todavía cómo poder revertir ese proceso, mientras un sudor frío se apodera de nuestro cuerpo. Seguro que todos podemos recordar situaciones, aun siendo niños, en las que la certeza de irreversibilidad de algunos sucesos nos ha paralizado de miedo, mientras el frío de la impermanencia hacía un nudo en nuestro estómago.

Aun admitiendo que esa tendencia incorregible del cosmos a aumentar el desorden es la que nos empuja hacia esa implacable impermanencia, desde la oscuridad del caos podemos vislumbrar una luz esperanzadora: ¿puede del caos emerger el orden? ¿Puede la desordenada arena del desierto agruparse y ordenarse formando un cristal de rosa del desierto? ¿Puede el lodo que se seca resquebrajarse en hexágonos regulares? ¿Puede el caos de una tormenta crear un tornado? ¿Puede el carbón negro convertirse en un perfecto diamante translúcido? Si hemos dicho que el universo tiende al desorden y lo tenemos cotidianamente asumido, ¿cómo es posible que del caos, a veces, puedan emerger formas ordenadas como las que se conoce como fractales? ¿Incumple eso el segundo principio de la termodinámica?

Lo cierto es que las formas fractales que se observan, por ejemplo, en la formación de los cristales, no incumplen la ley de crecimiento entrópico, puesto que para crearse consumen energía o desordenan su entorno en mayor medida del orden que han obtenido. Algo parecido a lo que ocurre cuando construimos un edificio: para hacerlo generamos una cantidad de desechos, de detritos, de destrucción del entorno, que supera con creces el volumen construido. Eso explica también que, a partir de residuos vegetales, aplicando calor y presión en el interior de la tierra, estos puedan convertirse en un mineral más ordenado como el carbón, primero; y en un diamante (una estructura cristalina perfectamente ordenada), después.

Las estructuras ordenadas que parecen surgir espontáneamente no incumplen el mencionado principio del crecimiento del desorden, pero su rareza las hace atractivas, y el surgimiento a partir del caos las convierte en un misterio entrañable de la naturaleza.

Acostumbrados como estamos al acuciante desorden cósmico, nos sorprende el orden espontáneo de un cristal, de una nube, de un paisaje; esas formas espontáneas encierran una belleza irresistible, algo indescriptible, como cuando del caos subconsciente del pintor emergen formas abstractas que, plasmadas sobre la tela, emiten una inexplicable belleza.

La formación del diamante es uno de los mejores ejemplos del surgimiento del orden en el caos. Quizás el más bello ejemplo de entre todos los procesos de cristalización.

¿Cómo se produce esa cristalización? Uno puede provocar cristalización en el laboratorio de una escuela, no para hacer diamantes, pero sí para hacer cristales de óxido de cobre o de zinc. Se prepara una disolución de agua con las sales de este cristal, se calienta y se deja reposar. Cuando el líquido se enfría, los cristales empiezan a formarse. A veces se depositan suavemente en el fondo dibujando formas que reflejan su estructura interna más íntima. Pero lo más interesante es su cristalización abrupta, y eso sucede cuando la disolución está sobreenfriada, cuando su temperatura está ya por debajo del punto en el que puede empezar la cristalización. Basta entonces con un pequeño golpecito, o con dejar caer en el líquido una pequeña impureza, y la cristalización comienza abruptamente. Y ese es otro hecho remarcable en estos fenómenos que estamos analizando, que cambian de estados desordenados a estados ordenados: la curiosa característica del cambio abrupto, es decir que una vez se han conseguido las condiciones de madurez para la formación del cristal, un pequeño golpecito, la reverberación de un sonido, puede hacer que la transición del desorden al orden se realice abruptamente.

Quizás lo más interesante de este principio de la termodinámica, del crecimiento entrópico, es aplicarlo a nuestra mente. Explicaría, por ejemplo, la tendencia del ser humano a desarrollar neurosis y otros desórdenes mentales: porque el desorden que aumenta en su mente es el proceso de tendencia al desorden de este universo de tiempo irreversible.

Eso es algo que se puede mitigar o restaurar a través de la energía procedente del exterior, del entorno social en el que vivimos y de la atención que nos prestan nuestros semejantes. A pesar de eso, tenemos que aceptar que los desórdenes mentales y emocionales son uno de los males endémicos de la sociedad contemporánea. Víctimas pasivas de la termodinámica, tendemos a desordenarnos irremediablemente en el caos de nuestros deseos y esperanzas, de nuestros éxitos y fracasos, amenazados por el acuciante fantasma de la impermanencia.

Pero, ¿es posible que, en nuestra mente, en la disolución de nuestros anhelos y emociones, pueda cristalizar abruptamente un diamante? ¿Es eso posible? ¿Hasta qué temperatura tenemos que sobreenfriarnos para que el golpe de una piedra contra un bambú, el canto de un sutra o un pulgar alzado produzca, como un relámpago, que nuestras pesadas ilusiones cristalicen en el más perfecto diamante?

El caos absoluto es un concepto romántico y algo inquietante. Lo que hace todavía más excepcional esa capacidad espontánea de que un relámpago estalle en cualquier momento y lo ilumine todo con una belleza abrumadora.

11. *El espejo de la conciencia*

En el Zen se usa a menudo la imagen de la conciencia como un espejo, donde los fenómenos se reflejan, sin deformarse, sin mancharse, se reflejan tal como son. Esta imagen ha dado pie a muchas controversias y discusiones, como en la historia de Eno. Y también ha inspirado muchos poemas, quizás uno de los más bellos y profundos es el *Hokyo Zanmai*, el *samadhi* del espejo precioso. Lo escribió el maestro Tozan (807-869 d.C.), uno de los fundadores de la escuela zen soto.

Durante un largo peregrinaje a pie, Tozan se paró en un puente y se quedó contemplando el río. Al ver su propio reflejo en el agua del río, se inspiró para escribir el siguiente poema, que anticipa uno de los pasajes centrales del *Hokyo Zanmai*:

No busquemos la Vía en los demás,
ni en lugares lejanos,
la Vía está bajo nuestros pies.
Aunque camino solo,

la encuentro por todas partes.
Ciertamente el reflejo soy yo,
pero yo no soy el reflejo.
Por eso, allí donde me encuentre,
siempre podré ser libre.

«La Vía está bajo nuestros pies» significa que la Vía está en el aquí y ahora. Es la manera de funcionar de la mente de la meditación, de la mente de la atención plena. No hay que buscar esta Vía en lugares lejanos, haciéndonos ilusiones, proyectando viajes para visitar monasterios exóticos en China o en Japón. Si consumimos nuestra energía alimentando estas ilusiones, no tendremos fuerzas para practicar nuestra meditación de cada día. Al fin y al cabo, lo que hacen en los monasterios zen de China y Japón es practicar zazen por la mañana y por la noche, y el resto del día trabajan o estudian. Eso también lo podemos hacer nosotros, meditando en un centro de nuestra ciudad, y siguiendo después con nuestras ocupaciones. La Vía está bajo nuestros pies, no en otro lugar, ni en otro momento.

«No busquemos la Vía en los demás», no esperemos que la Vía nos la pueda dar un gurú o un maestro idealizado, la Vía no es una cosa que se pueda dar como si diéramos un vaso de agua a alguien que tiene sed. La Vía es una práctica, una manera de funcionar, y como tal solo podemos aprenderla por empatía, practicando con nuestro maestro, codo a codo, cara a cara, no podemos aprenderla de los libros ni de los que no están aquí. La Vía solo podemos practicarla aquí y ahora, la Vía está bajo nuestros pies.

El poema del *Hokyo Zanmai*, de Tozan, empieza así:

Sin error, sin duda, así es el Dharma.
Buda y los maestros de la transmisión no han hablado de ello,
pero vosotros lo hacéis realidad ahora mismo.
Por eso, os lo ruego, protegedlo con fuerza.

Dice «sin error, sin duda, así es el Dharma», porque el Dharma no es otra cosa que la realidad, la realidad de las cosas tal como son, y en eso no hay duda, ni error. Es la realidad que actualizamos sentados en zazen, porque es la realidad que ve la mente de buda, la mente de zazen.

Los budas y maestros de la transmisión no han hablado de ello, porque se ha transmitido más allá de las palabras, más allá de las explicaciones. Se ha transmitido en la comunión de realizar la misma experiencia, al mismo tiempo, la experiencia de zazen, de la práctica en el dojo, en el retiro.

A menudo hablamos de la transmisión en el Zen, pero todos sabemos que no hay nada que pueda ser transmitido, no hay nada que dar, nada que recibir. Es solo que estamos compartiendo la misma experiencia en este momento, y así lo sabemos.

Es lo que hacemos realidad cuando nos sentamos a meditar, por eso debemos protegerlo con fuerza, sin dejar que el primer impulso que aparezca nos aleje de la realidad, sin dejar que los pensamientos nos arrastren hacia el mundo confuso de los sueños.

Durante zazen, la conciencia es como un espejo, las cosas se reflejan sin tocarlas, sin deformarlas. Es el *samadhi* del espejo precioso del que habla Tozan. Dice en la siguiente estrofa:

Los copos de nieve se posan sobre la bandeja de plata.
El claro de luna envuelve la garza blanca en la laguna.

Son imágenes similares, pero no idénticas;
cuando nos acercamos, vemos la diferencia.

Las dos imágenes son metáforas del espejo de la conciencia. Los copos de nieve que se posan sobre la bandeja de plata son las ilusiones, los deseos y los pensamientos que, como copos de nieve, se depositan sobre el espejo de la bandeja de plata. Cuando estos copos de las ilusiones se depositan, el reflejo del espejo se enturbia y se vuelve opaco. Si la nieve llega a cubrir completamente la bandeja de plata, esta deja de reflejar ninguna imagen.

Pero los copos de nieve, al entrar en contacto con la bandeja de plata, pueden fundirse y convertirse en gotas de agua transparente. Entonces el espejo vuelve a reflejar las imágenes. Durante zazen, los copos de nieve de las ilusiones se funden y se vuelven transparentes, y aunque no cesen de caer copos de nieve, el espejo está siempre brillante.

La otra imagen de la que habla Tozan: «El claro de luna envuelve la garza blanca en la laguna». La garza blanca es un ave zancuda que habita en ríos y lagunas. Cuando descansa inmóvil sobre una pata, en aguas poco profundas, su color blanco la hace indistinguible en un envolvente claro de luna. La laguna es un espejo, refleja las montañas y las nubes, los bosques y los animales que beben en ella y, cuando la luz de la luna se refleja en ella, es un espejo brillante. Así, la garza blanca desaparece envuelta en la blanca luz de la luna.

«Son dos imágenes parecidas, pero no idénticas», dice Tozan. En la primera parece haber una separación entre las ilusiones y el espejo, las ilusiones se posan y después se funden o no se funden, puede parecer que están separadas del espejo. Pero cuando la luz de la luna envuelve a la garza blanca en la laguna, no hay separación alguna entre ella y la laguna, entre la garza y la luna.

Es una imagen que nos sugiere lo que experimentamos durante la práctica de la meditación zen, sentados inmóviles como la garza en la laguna, no hay separación alguna entre el cuerpo y la mente, entre yo y la naturaleza del cosmos, nuestro yo se disuelve en el claro de luna de nuestra verdadera naturaleza.

El *Hokyo Zanmai* continúa diciendo:

El significado no está en las palabras;
es el momento decisivo el que lo hace aparecer.
Cuando utilizamos las palabras caemos en su trampa;
si no las utilizamos empezamos a dudar.
Apegarse o rechazar las palabras es un error,
porque son como un gran fuego, útiles y peligrosas.

Cuando creemos ciegamente en las palabras y en las ideas, caemos en su trampa. Las palabras y las ideas son solo representaciones de una realidad: en el momento en que pronunciamos la palabra, en el momento en que pensamos una idea, la realidad ya ha cambiado. Por eso, cuando nos apegamos a las ideas y opiniones, nos alejamos de la realidad de las cosas. Pero a la vez, si no usamos las ideas y las palabras, estaremos siempre en la duda, en la inseguridad. Las palabras y las ideas son como una barca, una vez hemos cruzado el río, la dejamos, no la arrastramos cargándola a nuestra espalda.

El *Hokyo Zanmai* continúa diciendo:

Describirlo literalmente lo embrutece;
en la oscuridad de la noche brilla intensamente,

pero queda oculto a la luz del día;
es la fuente que todo lo origina,
la que corta la raíz del sufrimiento.

La luz del día es la conciencia ordinaria, la mente discriminativa, que distingue el blanco del negro, el azul del rojo, el bien del mal, el yo de los otros. A la luz de esta conciencia queda oculto, pero en la oscuridad de la no dualidad brilla intensamente. Es la conciencia de existir sin ninguna separación, sin ninguna separación entre yo y los demás, entre yo y las cosas, es la conciencia de ser uno con todo el universo. Cuando la conciencia ordinaria se apaga, aunque sea solo por un momento, la conciencia original brilla intensamente, y corta la raíz del sufrimiento. Si no hay un yo separado del mundo, si no hay un yo separado de los demás seres, entonces, ¿quién sufre?

Aunque no haya sido creado
y esté más allá de las palabras,
es como el espejo precioso;
la forma y el reflejo se miran;
vosotros no sois el reflejo,
pero el reflejo sois vosotros.

Cuando aparece un pensamiento, una emoción, este es nuestro pensamiento, nuestra emoción, no de otra persona, este pensamiento es nosotros. Pero un instante después aparece otro pensamiento, y el pensamiento anterior ya se ha ido, nosotros no somos ese pensamiento. Esto soy yo, pero yo no soy esto.

Si nos identificamos con nuestros pensamientos, aunque sea por un momento, creemos que nosotros somos ese pensamiento. Pero si volvemos a la postura del cuerpo y a la respiración, y dejamos pasar ese pensamiento, entonces podremos comprender que nosotros no somos ese pensamiento.

Este es el *samadhi* del espejo precioso, donde las cosas aparecen y desaparecen sin dejar rastro. Es el espejo que refleja la realidad de las cosas tal como son, es el espejo que refleja la realidad del ser tal como es.

12. *Practicar con los demás*

La importancia de practicar con los demás

La meditación, sin duda, se puede practicar en solitario, en un rincón de nuestra casa, en el bosque, o en cualquier lugar tranquilo. Toda ocasión es buena para meditar. Si podemos compartirla, mejor, pero cuando no podemos compartirla, por horarios, o por distancias, ¿por qué no una meditación solitaria bien organizada?

Pero si optamos por la meditación solitaria solo por comodidad, o por timidez, deberíamos saber que la meditación en solitario tiene sus límites, y que es conveniente compartirla con los demás de vez en cuando. Hay muchas razones para ello, y las podemos comprobar nosotros mismos.

Ya hemos dicho que, cuando meditamos en solitario, es fácil perder la motivación y la energía necesarias para mantener la regularidad y la intensidad de la meditación. Al principio, puede que por el hecho de estar probando una cosa nueva, estemos motivados e implicados en ello, y podamos sostener la concentración y la atención con el esfuerzo necesario. Pero a medida que repetimos el ejercicio, esa motivación va desapareciendo y cada vez es más difícil concentrarse. Y si insistimos solo con nuestra fuerza de voluntad, puede llegar un momento en que dudemos del sentido de lo que estamos haciendo.

Por el contrario, cuando meditamos con los demás, continuamente estamos recibiendo la energía y la motivación de estar practicando en grupo. Si nos cansamos, podemos pensar: «Si el compañero que está aquí al lado continúa concentrado e inmóvil, ¿por qué no puedo hacerlo yo?». «Si ahora me muevo, o me levanto y me voy, estorbaré a mis compañeros, y estamos haciendo esto juntos, me esforzaré un poco más por ellos». Hacer la meditación en grupo crea una dinámica que nos ayuda a todos, tanto si lo hacemos con la pareja o unos amigos como si nos unimos a un grupo de meditación.

Pero hay otro aspecto todavía más importante. Y es que cuando practicamos en solitario, la meditación la dirige nuestro yo, nuestro ego. Hemos visto que la meditación nos ayuda a actualizar la manera de funcionar la mente, rompiendo con los condicionamientos y los hábitos mentales.

Precisamente, la mayoría de los condicionantes y hábitos mentales, los más importantes, son los que constituyen el ego. ¿Cómo podemos pretender liberarnos de los condicionantes del ego si nuestra meditación la lidera siempre nuestro ego? Es como si un criminal tuviera que descubrir sus propios crímenes, como si un ladrón tuviera que delatarse a sí mismo. Si quien dirige la meditación es nuestro ego, difícilmente podremos transcender sus condicionantes. Como se dice popularmente, es como poner al lobo a cuidar de las ovejas.

Una meditación que no transciende el ego puede resultar calmante y tranquilizadora, puede producir un cierto bienestar, pero no nos libera de la verdadera causa de nuestro sufrimiento.

En cambio, cuando meditamos con los demás se produce una comunión de la meditación, no es la meditación de este o de aquel, sino que es la meditación de todos. Y hay muchas pequeñas cosas que suceden, que se convierten en oportunidades para abandonar los condicionantes del ego. Si además nos entrevistamos periódicamente con un maestro, eso puede ayudarnos aún más a enfrentarnos a nuestros condicionamientos más difíciles.

Pero más esencial todavía no es ya encontrar la motivación en la práctica en grupo, ni transcender el ego gracias a la meditación compartida, sino que lo más relevante es que al practicar con los demás podemos encontrar el verdadero sentido de la práctica. El verdadero sentido de la práctica es liberarnos del sufrimiento, sí, pero liberarnos del sufrimiento con todos los demás seres. Y eso es justamente lo que hacemos cuando meditamos con los demás. Ese es el verdadero sentido de la práctica, y cuando lo comprendemos íntimamente nunca más vuelve a faltarnos la motivación, nunca más dudamos del sentido de lo que estamos haciendo.

El envoltorio es un regalo

Es un tópico muy frecuente, entre los que ven la meditación desde una perspectiva materialista y utilitarista, considerar el ritual que acompaña la práctica de las meditaciones tradicionales como un envoltorio innecesario. Así, al recibir el regalo de la práctica se apresuran, como un niño que recibe un juguete bien envuelto, a rasgar el papel para deshacerse rápidamente del envoltorio y poder disfrutar del juguete. Son víctimas de una visión sesgada, puesto que el ritual contribuye a crear un estado de la mente propicio a la meditación.

En el caso de la práctica del Zen, por ejemplo, cuando entramos en el dojo —el lugar donde se realiza la meditación—, el ritual establece que hay que entrar con el pie izquierdo, seguidamente hacer una reverencia juntando las palmas de las manos delante de nosotros, con la punta de los dedos justo por debajo de los labios, y una inclinación hacia delante sin doblar las rodillas. Este saludo se llama gassho y lo hacemos de todo corazón, entregados al gesto, dejando de seguir los pensamientos y las preocupaciones para concentrarnos plenamente en el momento presente, al mismo tiempo que tomamos conciencia de la espiración, larga y tranquila.

Este es un gesto de respeto y humildad, que nos ayuda a desprendernos de nuestro orgullo, de nuestra vanidad. Nos inclinamos delante de un altar donde hay una figura de un buda sentado. No estamos venerando un objeto, estamos expresando con humildad nuestro agradecimiento hacia la práctica de sentarse como un buda y estamos demostrando respeto hacia todos los demás practicantes. Es un gesto que, cuando lo hacemos de todo corazón, puede cambiar nuestro espíritu instantáneamente, como un interruptor. Y con la repetición llega el hábito y, con el hábito, este cambio de la mente se vuelve subconsciente. De esta manera podemos cambiar el estado de nuestra mente solo con un gesto, sin intención, sin la participación de nuestra voluntad, y esto aligera nuestra mente y permite que la meditación sea mucho más plácida.

Si quisiéramos conseguir lo mismo desde una perspectiva materialista y utilitarista, podríamos decir: «Bien, si de lo que se trata es de abandonar el orgullo y las preocupaciones antes de empezar la meditación, bastará con pronunciar internamente: "Abandono el orgullo y las preocupaciones, y ya está"», y así nos ahorramos este ritual.

El error de este planteamiento es pensar que se puede conducir el pensamiento con el pensamiento. De hacerlo así entraríamos en un bucle, un callejón sin salida. Estaríamos intentando abandonar una ilusión y nos crearíamos otra. Es como romper el silencio diciendo en voz alta: «Sobre todo, guardad silencio». Es absurdo y, además, el efecto sobre la mente no es el mismo.

En la práctica de zazen aprendemos a conducir la mente desde el cuerpo, desde la respiración. Así, esto es lo que nos proporciona la práctica del ritual: un efecto subconsciente sobre la mente a partir del gesto. El ritual no es un envoltorio prescindible, ya que nutre la práctica. El envoltorio es un regalo.

La sesshin: el retiro zen

Una de las mejores ocasiones para compartir nuestra práctica son los retiros zen, las sesshin. Durante un fin de semana, o más días, nos dedicamos a una práctica intensiva de la meditación y las actividades de la vida cotidiana en atención plena. Comer, caminar, ayudar en la cocina, o barrer con plena conciencia, es una manera natural e intuitiva de armonizar el Zen con nuestra vida cotidiana, algo muy importante si no queremos crear una separación entre la meditación y nuestra vida de cada día. Porque eso es algo que puede pasarnos con mucha facilidad al introducirnos en el mundo de la meditación.

Cuando entramos en el mundo de la meditación y empezamos a disfrutar de la calma y la serenidad que nos brinda, y de la paz interior que sentimos cuando estamos meditando, resulta muy fácil que, por contraste, la vida cotidiana, nuestro trabajo o nuestros estudios, nuestras relaciones personales y familiares, nos parezcan un mundo más difícil, cargado de decepciones e insatisfacciones. Si nos sucede eso y se produce una separación entre el mundo de la meditación y el mundo de la vida cotidiana, eso no nos ayuda en absoluto a vivir nuestra vida, que es solo una, y la única que tenemos para vivir.

Es por eso que una buena parte de las enseñanzas del Zen se orientan a aprender a extender la mente calmada y serena de la meditación a todas las actividades de la vida cotidiana. Y una de las maneras más naturales e intuitivas de hacerlo es precisamente en el retiro. En el retiro vamos alternando meditación, actividad en atención plena, meditación, actividad y, de una manera natural, nuestra mente va pasando de la meditación a la actividad, y de la actividad a la meditación, sin que se produzca en ningún momento esa separación. Así podemos armonizar el Zen con nuestra vida cotidiana, y continuar con ello al volver del retiro.

Lo más remarcable del retiro es la práctica intensiva de la meditación. Los tiempos y las duraciones pueden ser diferentes de una escuela a otra. En nuestro caso consiste en meditaciones largas de una hora y media, repartidas en dos partes de cuarenta minutos sentados y, entre una y otra, diez minutos de meditación caminando. Estas sesiones de hora y media se repiten cuatro veces al día, lo que resulta en más de seis horas de meditación al día. La duración de los periodos de meditación es relevante, recordemos los resultados de los experimentos de Tomio Hirai: a los 27 minutos aparecen las ondas theta, una meditación de 30 a 40 minutos nos asegura llegar a la meditación profunda.

Esta práctica tan intensa puede resultar difícil para alguien que no esté habituado a ella, por lo que quizás lo más recomendable es participar en los retiros después de unos meses de estar realizando la práctica regular. Pero no es imprescindible, algunas personas se inician directamente en un retiro, incluso personas que tienen dificultad para sentarse con las piernas cruzadas.

La sesshin es un empuje para todos los meditadores. Al que lleva una práctica regular, el retiro lo empuja hacia una práctica más fuerte y más comprometida; al que se está iniciando, lo introduce de lleno en la práctica; al que se encuentra alejado de los lugares de práctica, le permite retomar el contacto practicando intensamente con los demás. La sesshin es imprescindible para todos, tengamos el nivel de práctica que tengamos. Sin una práctica periódica de la sesshin, la práctica cotidiana puede estancarse en una zona de confort, en la que los hábitos y los condicionamientos del ego, como las malas hierbas en un jardín, vuelven a crecer de nuevo, y se corre el riesgo de acabar abandonando la práctica.

La sesshin es como arar la tierra, removerlo todo, airearlo. Dejar la tierra de nuestra mente preparada para que puedan crecer en ella buenos frutos. Al volver de la sesshin estamos extraordinariamente creativos, cualquier actividad que hagamos florecerá en una tierra pura y fértil. En la práctica de la meditación que hacemos en el día a día, en nuestra casa, o en un centro, uno tiene la sensación de estar golpeando con un pequeño martillo una montaña de roca. Pero la sensación después de volver del retiro es que la montaña de roca se ha hecho añicos, quizás no podamos decir en qué momento se produjo, pero uno de los pequeños golpes de martillo sobre la montaña de roca la partió en mil pedazos, y ahora nos sentimos ligeros y libres.

Practicar con un maestro

Aprender la meditación de forma autodidacta es fácil en sus primeros pasos. Hoy en día disponemos de muchos recursos, libros, blogs, vídeos tutoriales, etc. Por lo que respecta a conseguir unas instrucciones y empezar a probar, está al alcance de todos y hay una gran oferta.

Claro que existe la alternativa de ir probándolo todo, todas las diferentes técnicas y tradiciones. Hoy en día la oferta es tanta y tan variada que nos podríamos pasar toda la vida probándolas todas, sin profundizar en ninguna. Esta gran variedad de oferta es muy buena para la expansión de la meditación en general, porque cada persona puede encontrar lo que busca. Y una vez lo encuentra, puede profundizar en ello sin necesidad de buscar más. Pero esa saturación de oferta también conlleva el riesgo de ir cambiando cada dos por tres, sin profundizar verdaderamente en nada. Así, a la mínima dificultad que encontramos, en el momento en que la práctica toca alguna de las aristas de nuestro ego, la abandonamos para probar otra. Hasta que vuelva a pasarnos otra vez lo mismo, y al final resulte que vamos cambiando de una cosa a otra, sin comprender que en realidad lo que tratamos es de escapar de nosotros mismos.

Y, claro, no es posible escapar de nosotros mismos. El camino de la meditación nos dirige precisamente hacia nosotros mismos. Hacia el verdadero nosotros mismos. El camino de la meditación no ha de convertirse en otra forma de consumismo compulsivo, donde consumimos para huir de nuestra verdadera realidad hacia una realidad ilusoria de falsa felicidad.

¿Cómo podemos entonces aprovechar al máximo esta rica variedad de oferta, sin que nos corrompa y nos convierta en consumidores espirituales? La mejor manera es hablar con los maestros. Los maestros y los instructores de meditación que dirigen la meditación en los centros son personas experimentadas, con muchos años de práctica, y que interactúan día a día con otros practicantes. Nos pueden ayudar a encontrar cuál es nuestro camino, a darnos cuenta de que la mayoría de las veces las dificultades, o los obstáculos, no están en las técnicas de meditación ni en nuestra falta de habilidad o de flexibilidad, sino que casi todos los obstáculos en el camino de la meditación los pone nuestro propio ego.

A veces nos da cierto reparo hablar con el maestro, porque lo tenemos idealizado, pero ellos son personas como las demás, y quizás un problema que nos parece que solo nos pasa a nosotros es algo habitual que, con un buen consejo y un poco de aliento, podemos superar.

Una vez hemos encontrado nuestro camino, hablar periódicamente con nuestro maestro nos ayudará a mantenernos en la buena dirección y ya no será necesario ir probando cosas aquí y allá. Podremos dedicar nuestra energía a realizar la Vía. En este punto nos podemos preguntar: ¿y cómo encontramos un buen maestro?

Es fácil encontrar maestros de esto o de aquello que no tienen la preparación ni la experiencia para hacerlo. Para demostrar una buena preparación no basta con ostentar títulos, ya que estos no están homogéneamente reglados.

En lo que yo me fijaría para encontrar un buen maestro es, en primer lugar, si practica lo que enseña. Cualquiera puede dar grandes discursos, mensajes ideales de amor y paz, pero si él mismo no practica lo que enseña, puede que se trate de un charlatán. Y haremos bien en no perder el tiempo con él por muy bien que hable, y por muy bonito que sea lo que dice.

En segundo lugar, un buen maestro ha sido antes un buen discípulo. Un buen maestro ha recibido antes la enseñanza de otros maestros. Puede ser muy innovador, puede superar a sus maestros, pero si lo que enseña no tiene el reconocimiento de otro maestro, sin descartar que pudiera ser un genio, lo más probable es que sea un pobre diablo. Si lo seguimos, debemos asumir el riesgo.

En tercer lugar, un maestro está entregado a la enseñanza. Su vida es la práctica y sus discípulos. Esto no quita que este maestro pueda tener una familia y un trabajo para sustentarse, pero que está totalmente dedicado a sus discípulos es algo que se percibe en el primer contacto. Se distingue fácilmente de los falsos maestros, que se dedican más a engrandecer su vanidad y su ego que a ayudar a los demás.

El hecho de que el maestro tenga otro trabajo con el que sustentarse, algo que de entrada pudiera parecer menos profesional, no es una mala señal, sino todo lo contrario. El maestro que no se sustenta de su función de maestro seguramente tendrá una gran vocación, y además eso nos garantiza que su relación con nosotros no estará empañada por su necesidad de sustento.

No hay que idealizar excesivamente al maestro, buscándolo en los libros o en países lejanos; seguro que cerca de nosotros, en nuestra ciudad, hay hombres y mujeres que dedican todo su esfuerzo a sostener centros de meditación y a enseñar a todo aquel que allí se acerque, sin ninguna otra intención que la de compartir de todo corazón lo que a ellos les han enseñado. Si encontráis a uno, no lo dudéis ni un momento, dad gracias por la suerte que habéis tenido y compartid con él vuestra práctica.

13. *Sutra del Corazón*

Origen del Sutra del Corazón

Si nos acercamos a un dojo a hacer meditación zen, es muy probable que al final de la meditación se cante el Sutra del Corazón, el *Hannya Shingyo*, como lo llamamos a menudo. Si hemos ido al dojo solo para practicar meditación, puede que nos resulte incómodo cantar un sutra, incluso puede que la primera vez nos resulte un poco chocante. Porque la verdad es que muchos hemos perdido la costumbre de cantar con los demás, quizás solo lo hicimos en la infancia, y ahora ponernos a cantar nos resulta incómodo. Pero lo cierto es que, una vez lo hemos cantado unas cuantas veces, nos damos cuenta de su influencia. Cantar con los demás el *Hannya Shingyo* nos ayuda a que nuestra meditación no se quede encapsulada, que se abra a los demás, y a todo el universo.

El canto del Sutra del Corazón irradia de la fuente de zazen, y la vibración de la voz nos recorre el cuerpo y se une a las de los demás. Cantar juntos al final de la meditación tiene un sentido mucho más profundo de lo que parece a simple vista, y que indudablemente comprenderemos con el tiempo. Por esta razón siempre recomiendo paciencia cuando alguien se siente incómodo con el canto. Al final, todos lo acabamos comprendiendo.

El origen de este texto es muy antiguo, data del siglo VII d. C., y es el texto más popular y extendido del budismo. Es el corazón, en el sentido de la esencia, de la *Prajna Paramita*, la sabiduría perfecta, un texto mucho más extenso, de unas 100.000 líneas, en unos 300 volúmenes, del siglo II a. C., y que es la base del budismo Mahayana.

¿Qué significa el título *Maka Hannya Haramita Shingyo*? Literalmente, *Maka* significa 'grande'; *Hannya*, 'sabiduría'; *haramita*, 'que lleva a la otra orilla', pero lo traducimos por 'perfecta'; *shin* significa 'corazón', en el sentido de esencia; y *gyo* significa 'canto'.

Maka Hannya Haramita Shingyo significa, por lo tanto, «Canto del corazón de la gran sabiduría perfecta».

Lo entenderemos mejor con las palabras del maestro Eno, el sexto patriarca zen, recogidas en el Sutra de la Plataforma:

«¿Qué significa *Maka*? *Maka* significa 'grande'. La mente es así, grande, grande como el espacio. Si cuando meditamos pretendemos dejar la mente en blanco, caeremos en un vacío inútil. En nuestro mundo, en el espacio, hay lugar para el sol, la luna y las estrellas, la tierra y sus montañas y ríos, los árboles y las plantas, la buena gente y la mala gente, los buenos y los malos pensamientos, el cielo y el infierno. Todo esto existe en el espacio.

»La vacuidad de nuestra naturaleza también es así. Nuestra naturaleza contiene la infinitud de fenómenos. Así de grande es. Los infinitos fenómenos son nuestra naturaleza. Ya sean buenos o malos, sin rechazarlos, y sin que nos corrompan, eso es ser como el espacio. Eso es lo que significa 'grande'. Eso es lo que significa *Maka*.

»¿Qué significa *Hannya*? *Hannya* significa 'sabiduría'. En todo lugar y en todo momento, mantener nuestros pensamientos libres de ignorancia y dejar surgir siempre la sabiduría, esta es la práctica de *Hannya*. Un pensamiento de ignorancia, y *Hannya* se para. Un pensamiento de sabiduría, y *Hannya* aparece. Si no practicamos zazen, no podemos ver *Hannya*, no podemos comprender la verdadera vacuidad. *Hannya* no tiene aspecto, ni forma. Es la esencia de la sabiduría.

»¿Qué significa *Haramita*? En nuestra lengua significa 'que lleva a la otra orilla', y se entiende como más allá del nacimiento y la muerte, más allá de la fabricación y de la extinción. Cuando nos apegamos a los objetos de los sentidos y al pensamiento, nacimiento y muerte, fabricación y extinción surgen como olas en el agua. Cuando no nos apegamos a los objetos mentales ni a los objetos de los sentidos, no hay nacimiento, ni muerte, ni producción, ni extinción, somos libres como el fluir continuo de un río. Esto es lo que significa "la otra orilla". Esto es lo que significa *haramita*. El río simboliza la vida, la otra orilla es transcender la vida y la muerte».

Es maravillosa la manera en la que el maestro Eno explica el significado de *maka hannya haramita*. Igual que la mente de zazen, *maka* es aceptarlo todo sin juzgar, sensaciones, percepciones, emociones, pensamientos, tanto los buenos pensamientos como los malos pensamientos, esto es lo que hace que la mente sea grande.

Hannya es no quedarse en nada. La sabiduría surge de captar la vacuidad de las existencias, y de todas las cosas, y esta sabiduría desaparece cuando nos quedamos adheridos a alguna cosa. *Hannya* es una sabiduría intuitiva y espontánea, es una visión directa de la naturaleza de las cosas.

Haramita es transcender el ego, transcender el ego es transcender la vida y la muerte. Llegar a la otra orilla significa realizar la Vía.

El bodhisattva Kannon

La primera frase del Sutra del Corazón dice:

KAN JI ZAI BO SATSU GYO JIN HANNYA HA RA MI TA JI SHO KEN GO ON KAI KU DO ISSAI KU YAKU.

El bodhisattva Kannon, al practicar la sabiduría perfecta, ve que los cinco agregados son vacuidad, y se libera de todo sufrimiento.

Es una frase fundamental que, en su sencillez, contiene un gran significado. Las primeras palabras son KAN JI ZAI BO SATSU, es decir, El bodhisattva Kannon. Pero ¿quién es el bodhisattva Kannon? El bodhisattva Kannon, o Kanzeon, o Avalokiteshvara en sánscrito, se representa iconográficamente como un buda con ochenta y cuatro mil brazos y manos, y con un ojo en la palma de cada mano.

Dice el mito que, con estos ochenta y cuatro mil ojos, Kannon observa a los seres sensibles, y que cuando están enfermos, caen en desgracia o simplemente sufren, les ayuda con sus ochenta y cuatro mil manos. Según se explica, el bodhisattva Kannon obtuvo este poder practicando durante innumerables años la meditación de escuchar los sonidos del mundo. Sentado en zazen, escuchaba los sonidos. Al principio oía el canto de los pájaros del bosque, el viento entre los árboles, después era capaz de oír el sonido de la respiración, el pulso del corazón, el de la sangre pasando por las venas; muchos años más tarde era capaz de oír los gritos de júbilo de los niños que jugaban en las plazas de las villas vecinas, y los lamentos de los moribundos en sus lechos. Obtuvo así el poder de oír todas las voces del mundo, y por eso se le conoce también por este nombre, por Aquel que escucha las voces del mundo. Aquellos que caen en la enfermedad, o en la desgracia, le piden ayuda y le dirigen sus plegarias para que los libre del sufrimiento.

Por sus atributos, podemos decir que es una figura muy parecida a las vírgenes mediterráneas, un icono que encontramos también en muchas otras culturas y civilizaciones, una divinidad que protege y cura, que escucha nuestros anhelos e inquietudes.

Probablemente, la devoción por estas divinidades maternales sea la base de una religión primitiva universal, ya que con la devoción podemos transcender el ego, abandonarnos en brazos de algo que está más allá del yo y calmar así el desasosiego de la existencia individual.

Seguramente todos nosotros, incluso los más escépticos, cuando nos hemos encontrado en una situación desesperada, hemos implorado a Dios, o a la Madre de Dios, o a Kannon, o a alguna otra divinidad o fuerza de la naturaleza, por nuestra salvación o por la salvación de algún ser querido. Esto no debe avergonzarnos. Si esta devoción está presente en todos los hombres y mujeres, en todas las culturas y civilizaciones, es probablemente porque está relacionada con algún arquetipo inherente a la naturaleza humana.

Con una visión más amplia, podríamos entender que esta representación simbólica de un ser de ochenta y cuatro mil brazos es, en realidad, un principio universal de interconexión entre todos los seres, y eso es algo que tiene mucho sentido.

Hoy en día, las investigaciones más recientes en neurociencia han descubierto las neuronas espejo, unos circuitos neuronales que tienen la función de empatía con los otros seres. Por ejemplo, en las pruebas que se han hecho, se ha descubierto que en un simio estos circuitos se activan de la misma forma tanto cuando el simio coge una fruta como cuando ve a una persona coger una fruta. Es decir, en este circuito no hay diferencia entre «yo cojo una fruta» y «tú coges una fruta». Esta función facilita el aprendizaje por imitación, y desarrolla así el sentido social. De modo que podemos afirmar que las neuronas espejo son fundamentales para el aprendizaje, y para la sintonización entre los individuos de un grupo o de una especie.

Lo más interesante es que el descubrimiento de estas neuronas espejo permite demostrar que hay una base orgánica para la empatía y la compasión entre los seres. Es decir, que nuestro organismo tiene algunos elementos *hardware* capaces de hacernos sentir directamente lo que los demás sienten, sin pasar por la mente dualista del discernimiento, sin pasar por el razonamiento.

Esto permite explicar científicamente lo que ya habíamos observado, que incluso los seres más pequeños, como las hormigas, se comportan de manera empática entre ellos, que la dedicación y la ternura con que cualquier ser cuida de sus crías, o las emociones de empatía que sentimos cuando vemos a un accidentado, o a otras personas sufriendo en las guerras, o atravesando fronteras, están todas relacionadas con un principio de compasión, que es universal, que compartimos con todos los seres.

Este principio de compasión universal, tanto si lo explicamos científicamente, con las neuronas espejo, como si lo explicamos místicamente, como un bodhisattva de miles de brazos, está claro que estamos hablando del mismo principio. Tanto da si son ochenta y cuatro mil brazos u ochenta y cuatro mil neuronas, lo cierto es que estamos conectados con todos los seres.

Así es como empieza el Sutra del Corazón, que es el sujeto de la primera frase: el principio de compasión universal que está en todos nosotros.

Practicar la sabiduría perfecta

La frase completa dice: «El bodhisattva Kannon, al practicar la sabiduría perfecta, ve que los cinco agregados son vacuidad, y se libera del sufrimiento».

La sabiduría perfecta es, pues, una sabiduría intuitiva, una visión que penetra en la naturaleza de las cosas y que se produce cuando cuerpo y mente están en unidad y en armonía, como sucede durante la práctica de zazen.

Los cinco agregados son: la forma, la sensación, la percepción, las fabricaciones mentales y la conciencia. Los cinco agregados representan los cinco aspectos fundamentales de la existencia. Ver que los cinco agregados son vacuidad significa ver que la existencia es vacuidad. Que es vacuidad significa que está vacía de cualquier sustancia elemental, sin un noúmeno que la haga existir por sí misma.

Por tanto, esta frase significa que cuando practicamos zazen, la sabiduría perfecta, podemos ver la insustancialidad del ser. Enumerar los cinco agregados puede parecer un poco arcaico, pero tiene sentido. Quizás bastaría con decir que «todos los fenómenos y todas las existencias son vacuidad», pero verlo en sus diferentes aspectos es más exhaustivo.

El primer agregado, la forma, es el cuerpo, y también es la palabra. Podemos ser conscientes de la vacuidad del cuerpo, a partir de su impermanencia y de su degradación continuada; también podemos entender la vacuidad de las sensaciones, de los pensamientos y sentimientos por su interdependencia y volatilidad; entendemos la vacuidad de percibir, pensar y sentir, a pesar de que a veces nos cuesta no apegarnos a la proyección del que percibe, del que piensa, del que siente, es decir, de nuestro yo.

Más difícil nos resulta aún darnos cuenta de la vacuidad de una idea. Por ejemplo, cuando nos apegamos a una idea, a una opinión, a un deseo, a una voluntad. Estar apegados es justo lo contrario de ver la vacuidad. Es creer en una sustancialidad, es una forma de dar importancia absoluta a una idea. Los que seguimos una práctica espiritual podemos conseguir no apegarnos al cuerpo, ni a las sensaciones, ni a las percepciones, ni a las opiniones, pero aún corremos el peligro de creer en una conciencia que existe sustancialmente, por sí misma, o incluso en una conciencia universal como sustancia del universo. Estas creencias siguen siendo erróneas, ya que ni siquiera la conciencia es nada sustancial, es también vacuidad. La existencia es vacuidad en todos sus aspectos.

Liberarse del sufrimiento

La frase acaba diciendo: «... y se libera de todo sufrimiento».

Esta es una afirmación transcendente para el budismo. Alguien puede preguntar: ¿es posible liberarnos del sufrimiento por el simple hecho de ver la insustancialidad de las cosas? La respuesta es que sí, porque el sufrimiento surge de creer en la sustancialidad de las cosas. Por ejemplo, cuando perdemos a un ser querido, ya sea por muerte o por separación, eso nos produce un gran sufrimiento. Si observamos el origen de este sufrimiento, nos damos cuenta de que viene del hecho de no aceptar la impermanencia y el cambio. Después de guardar unos días de luto, si aceptamos de corazón la impermanencia y el cambio, el sufrimiento se disuelve.

Al ver la vacuidad de los objetos, el sujeto desaparece; al ver la vacuidad del sujeto, el objeto desaparece; cuando no hay quien sufre, el sufrimiento se extingue.

Pero volvamos al inicio de la frase: ¿por qué es Kannon el sujeto? ¿Qué significa esto? Esto significa que es solo desde la compasión que nos une con todos los seres que podemos hacer surgir la sabiduría, la visión de la insustancialidad de todas las cosas, que solo desde la compasión, la sabiduría es verdaderamente liberadora. No basta con entender intelectualmente que los seres y las cosas son insustanciales. Eso no es suficiente para liberarnos, nos puede aliviar un poco, pero no nos libera del todo.

Para liberarnos completamente, es preciso que esta sabiduría vaya acompañada de un profundo sentimiento de compasión. Solo así esta visión penetrará en la naturaleza de las cosas, solo así podremos ver la realidad sin el filtro teñido de nuestro ego, y liberarnos con todos los seres, con todo el universo.

Los fenómenos son vacuidad, la vacuidad es los fenómenos.

El siguiente párrafo es quizás el filosóficamente más elocuente. El Buda habla a Sariputra. Sariputra es uno de los discípulos de Buda más destacados por su inteligencia:

SHA RI SHI SHIKI FU I KU KU FU I SHIKI

Sariputra: los fenómenos no son diferentes de la vacuidad, y la vacuidad no es diferente de los fenómenos.

SHIKI SOKU ZE KU KU SOKU ZE SHIKI

Los fenómenos son vacuidad, la vacuidad es los fenómenos.

JU SO GYO SHIKI YAKU BU NYO ZE

La forma, la sensación, la percepción, las elaboraciones mentales y la conciencia son vacuidad.

SHA RI SHI ZE SHO HO KU SO FU SHO FU METSU FU KU FU JO FU ZO FU GEN

Sariputra: los seres son vacuidad. No nacen, ni mueren, no son puros, ni impuros, no aumentan, ni disminuyen.

Es sorprendente que lo que Buda intuyó hace 2.500 años sobre la vacuidad de los fenómenos no sea muy distinto de lo que dice hoy la ciencia moderna. La materia, nuestro propio cuerpo, está hueca por dentro, constituida por pequeñísimos átomos, separados entre sí por distancias enormes en relación con su tamaño. Y estos átomos están también huecos, formados por protones y electrones, que orbitan a grandes distancias entre sí. Y si seguimos descomponiendo los protones, encontramos los quarks, y si seguimos, solo hay ondas, vibraciones del espacio-tiempo, interdependencia de fenómenos fugaces e impermanentes.

La materia y todo lo que nos rodea es insustancial por lo que respecta a su existencia, es decir que ni el más pequeño pedazo de materia existe por sí mismo. Todas las cosas existen solo por interdependencia las unas con las otras.

Estas ondas que están en el origen de todos los fenómenos, ya sean electromagnéticas o gravitatorias, en sí mismas no son otra cosa que interdependencia.

Por lo tanto, esta interdependencia, que hace que las cosas sean insustanciales, es también el origen de todos los fenómenos. La vacuidad no es diferente de los fenómenos, la vacuidad no es diferente de las existencias, la vacuidad es la madre de las ondas, de las vibraciones cósmicas, es la madre de la materia, la madre del universo.

En la vacuidad no hay forma.

ZE KO KU CHU MU SHIKI MU JU SO GYO SHIKI. MU GEN NI BI ZES SHIN I

En la vacuidad no hay forma, ni sensación, ni percepción, ni fabricación, ni conciencia; ni ojo, ni oreja, ni nariz, ni lengua, ni cuerpo, ni mente.

MU SHIKI SHO KO MI SOKU HO MU GEN KAI NAI SHI MU I SHIKI KAI

No hay color, ni sonido, ni olor, ni gusto, ni tacto, ni pensamiento, no hay sentidos, ni conciencia.

Todas estas cosas son producidas por nuestra propia mente. En la vacuidad solo hay interdependencia e impermanencia, un cambio incesante, no hay nada fijo. Nuestra percepción, nuestro pensamiento tiene tendencia a fijar las cosas, a darles forma, pero esto está solo en nuestra mente.

En la vacuidad no hay sufrimiento.

MU MU MYO YAKU MU MU MYO JIN

No hay ignorancia, ni fin de la ignorancia; no hay ilusión, ni fin de la ilusión.

NAI SHI MU RO SHI YAKU MU RO SHI JIN

No hay vejez, ni fin de la vejez, ni muerte; ni fin de la muerte.

MU KU SHU METSU DO

No hay sufrimiento, ni causa del sufrimiento; ni liberación del sufrimiento, ni vía que conduzca a la liberación del sufrimiento.

MU CHI YAKU MU TOKU I MU SHO TOKU KO

No hay sabiduría, ni obtención, ni no-obtención.

Sin objeto, no hay sujeto. Sin sujeto no hay objeto, si no hay quien sufre, no hay sufrimiento, ni causa del sufrimiento. El Buda nos da la clave para entrar: ni obtención, ni no-obtención, no querer, ni esperar nada, no evitar nada ni escapar de nada, esta es la puerta de la no dualidad.

No hay obstáculos para el bodhisattva.

BO DAI SATTA E HANNYA HARAMITA KO SHIN MU KE GE MU KE GE KO

Es por la sabiduría perfecta que no hay obstáculos en la mente del bodhisattva,

MU U KU FU ON RI ISSAI TEN DO MU SO KU GYO NE HAN

No hay miedo, ni temor, y la ilusión y el apego se alejan. Así llega a la realidad última, el nirvana.

Cuando practicamos zazen, desaparecen los obstáculos de la mente, no hay miedo ni temor, y las ilusiones y los apegos se alejan, zazen es la puerta del nirvana, la puerta de la verdadera libertad. El maestro Taisen Deshimaru decía «zazen es el castillo del no miedo», y cuando estamos sentados en zazen, lo podemos entender perfectamente.

SAN ZE SHO BUTSU E HANNYA HARAMITA KOTOKU A NOKU TA RA SAN MYAKU SAN BO DAI

Los budas del pasado, del presente y del futuro han realizado la liberación, gracias a la sabiduría perfecta.

KO CHI HANNYA HA RA MI TA ZE DAI JIN SHU ZE DAI MYO SHU ZE MU JO SHUZE MU TO DO SHU NO JO ISSAI KU SHIN JITSU FU KO KO SETSU

La sabiduría perfecta es el Sutra universal, el más elevado e incomparable, que extingue todos los sufrimientos.

Esta práctica de zazen es la misma que han practicado todos los budas del pasado, les damos gracias y confirmamos que su práctica es nuestra práctica, que su experiencia es nuestra experiencia. Si ellos se han liberado, nosotros también nos liberamos.

Mantra

HANNYA HA RA MI TA SHU SOKU SETSU SHU WATSU

El mantra de la sabiduría perfecta dice así:

GYA TEI, GYA TEI HARA GYA TEI HARA SO YA TEI

«Vamos, vamos, vamos juntos, vamos juntos más allá del más allá,

BO JI SO WA KA

«Vamos juntos más allá del más allá, hasta la realización última».

HANNYA SHIN GYO

Este es el canto del corazón de la sabiduría.

Al final, todo el poder de los 300 volúmenes de la *Hannya Haramita* se resume en este mantra. Es el mantra más elevado e insuperable de todo el budismo Mahayana, de todas las enseñanzas de Buda, de todas las enseñanzas de los maestros zen.

Y este mantra dice «vamos, vamos juntos más allá del más allá». Y este «vamos juntos» lo que significa es «practiquemos juntos», practiquemos juntos, dos palabras con todo el poder de este mantra, dos palabras que muestran el tesoro mejor guardado del Mahayana, la *Prajna Paramita*. Dos palabras que según la leyenda fueron guardadas durante siglos por el rey de los peces en el fondo del mar, y que Nagarjuna, inspirado por zazen, rescató y reveló de nuevo a la humanidad. Practiquemos juntos. Muchas personas no quieren oír estas palabras, las niegan, las ocultan, no quieren aceptar que el verdadero tesoro de todos los tiempos no es otra cosa que practicar zazen juntos.

Y juntos no significa solo de cuerpo presente, sino juntos también con la mente, sin juzgar, sin crear separaciones entre escuelas, sin criticar a los demás, juntos significa con la misma mente.

Porque el verdadero Dharma no lo hallamos en ideas y opiniones, ni en los rituales y formalismos, la verdadera fuente del Dharma es y seguirá siendo siempre practicar juntos en cuerpo y mente.

Canto del corazón de la gran sabiduría perfecta

El bodhisattva Kannon, al practicar la sabiduría perfecta, ve que los cinco agregados son vacuidad, y se libera del sufrimiento.

Sariputra: los fenómenos no son diferentes de la vacuidad, y la vacuidad no es diferente de los fenómenos. Los fenómenos son vacuidad, la vacuidad es los fenómenos. La forma, la sensación, la percepción, la fabricación y la conciencia son vacuidad.

Sariputra: los seres son vacuidad. No nacen, ni mueren; no son puros, ni impuros; no aumentan, ni disminuyen.

En la vacuidad no hay forma, ni sensación, ni percepción, ni fabricación, ni conciencia; ni ojo, ni oreja, ni nariz, ni lengua, ni cuerpo, ni mente. No hay color, ni sonido, ni olor, ni gusto, ni tacto, ni pensamiento. No hay sentidos, ni conciencia. No hay ignorancia, ni fin de la ignorancia; no hay ilusión, ni fin de la ilusión. No hay vejez, ni fin de la vejez, ni muerte, ni fin de la muerte.

No hay sufrimiento, ni causa del sufrimiento; ni liberación del sufrimiento, ni vía que conduzca a la liberación del sufrimiento. No hay sabiduría, ni obtención, ni no obtención.

Es por la sabiduría perfecta que no hay obstáculos para el bodhisattva. No hay miedo, ni temor, y la ilusión y el apego se alejan. Así llega a la realidad última, el nirvana. Los budas del pasado, del presente y del futuro han realizado la liberación gracias a la sabiduría perfecta.

La sabiduría perfecta es el sutra universal que extingue todos los sufrimientos. El mantra de la sabiduría perfecta dice así: «Vamos, vamos, vamos juntos, vamos juntos más allá del más allá, vamos juntos más allá del más allá, hasta la realización última». Este es el canto del corazón de la sabiduría.

14. *Vía del bodhisattva*

La Vía del bodhisattva

Después del Sutra del Corazón se cantan los cuatro votos del bodhisattva, que son una viva expresión de esta Vía ancestral, resumida en cuatro sentencias, cuatro deseos de compartir nuestra felicidad con todos los seres y de esforzarnos en el camino. Son cuatro sentencias que nos ayudan a encontrar el sentido de lo que estamos haciendo, cuando en las idas y venidas de la vida ordinaria perdemos el contacto con nuestra realidad más íntima. Los cuatro votos están ahí para recordarnos el camino.

Salvar a todos los seres

El primer voto, *Shujo muhen seigando,* significa: «Por numerosos que sean los seres sensibles ayudaré a todos a salvarse».

Este deseo altruista de salvar a todos los seres, de compartir nuestra felicidad con todos los seres, es una actitud fundamental para conseguir una completa liberación. Si practicamos la meditación zen con el único propósito de conseguir nuestro bienestar y nuestra felicidad, sin la intención de compartirlos, eso generará sin duda la idea de un yo separado de los demás seres, un yo que cree que puede ser feliz sin ellos. Pero esa idea es en sí misma el mayor obstáculo para realizar la completa liberación. Es precisamente el apego a la idea de un yo sustancial, puro, perfecto, lo que nos separa de la mente despierta.

Así que es fundamental, si de verdad queremos liberarnos, abrir nuestro corazón y compartir nuestra práctica con todos los demás. La manera en que podemos ayudarlos requiere sabiduría, no podemos salvar a los demás contra su voluntad, en realidad nosotros no podemos salvarlos, solo pueden salvarse a sí mismos siguiendo una práctica.

¿Y qué significa salvarlos? ¿De qué se tienen que salvar? Se refiere a salvarlos de los condicionamientos que los empujan al sufrimiento. En el budismo se describe como el mundo del samsara.

Hoy en día lo describiríamos como todos nuestros condicionamientos a la hora de pensar, hablar o actuar, es decir una manera de funcionar de nuestra mente, lo que llamamos la manera de funcionar ordinaria, que nos empuja a causarnos sufrimiento a nosotros mismos y a los demás seres.

Ayudar a salvarse a los demás seres es ayudarlos a descubrir una práctica que les permita actualizar una manera de funcionar de la mente que no les genere sufrimiento. El primer paso para poder hacer esto, más fácil y obvio, es compartir nuestra práctica de meditación zen con los demás en un grupo, si podemos con una frecuencia semanal. Y si residimos muy lejos de un grupo, en los retiros periódicos que se hacen. Es además una buena manera de comprender que ese «salvar a los demás» no es tanto una acción deliberada e intencionada sobre los demás, sino una manera de dejarlos participar directamente de nuestra práctica, sin otra intención.

El hecho de que los seres a salvar sean infinitos hace que este propósito no persiga una meta concreta, un resultado, sino que se entiende como una actitud abierta hacia el mundo.

Clarificar la mente

El segundo voto dice: *Bonno mujin seigandan*, que significa «hacer el propósito de extinguir los *bonno*, por innumerables que sean». ¿Y qué son los *bonno*? Es un concepto que no tiene una traducción directa en castellano, y se suele traducir como 'las ilusiones'. Pero sin una explicación es fácil confundirse, porque no es exactamente eso. Los *bonno* son los obstáculos que encuentra la mente para ver la realidad tal cual es. Por ejemplo, el odio es un *bonno* porque nos hace ver las cosas teñidas por el odio, o incluso nos ciega completamente. Así, el odio no encaja del todo con los matices del término *ilusión* del castellano. También es un *bonno* el orgullo, el apego al ego, que en este caso sí se asemeja más a una ilusión, ya que el ego es una ilusión. Quizás la palabra que más se ajustaría a *bonno* seria 'ofuscación', porque tanto las pasiones como las ilusiones del ego ofuscan temporalmente la mente e influyen en nuestra manera de ver y de actuar.

Para hablar en positivo, podríamos formular el segundo voto así:

«Hago el propósito de clarificar mi mente».

Entendiendo en este propósito que no hay una voluntad represora de las ofuscaciones, ya que como sucede con las pasiones y con los apegos al ego, la causa de su aparición ya se ha producido en el pasado, es lo que llamamos el karma, y no podemos evitar su aparición en nuestra mente. Cuando aparecen las ofuscaciones solo podemos aceptarlas. El propósito se refiere a no alimentarlas, a darnos cuenta de su presencia, y no dejarnos arrastrar por ellas, volviendo a nuestra presencia en el momento presente, justo lo que entrenamos en zazen. La dinámica de dejar pasar los pensamientos, para volver al cuerpo y a la respiración, es la pauta a la que podemos recurrir para dejar pasar las ofuscaciones y clarificar nuestra mente.

Pero ¿qué hay de malo en las ofuscaciones? Si uno quiere tener la mente ofuscada, ¿por qué no puede tenerla? Está claro que si lo que queremos es tener la mente ofuscada, somos libres de hacerlo y, de hecho, lo hacemos continuamente. Pero lo cierto es que las ofuscaciones nos hacen pensar, hablar y actuar sin sabiduría, y eso, con toda seguridad, nos causará sufrimiento a nosotros y a los demás, ahora o más tarde.

Por ejemplo, muchas veces, arrastrados por la pasión del odio, decimos y hacemos cosas que después, reflexionando, lamentamos sinceramente, lo que no impide que recibamos las consecuencias de retorno de nuestros actos.

En cualquier caso, sería un error pensar que las ofuscaciones van a dejar de aparecer. Por eso se habla de innumerables, infinitas. Nunca las podemos dar por terminadas, pero mientras sigamos sin bajar la guardia, seguiremos en la Vía. Actuar y hablar con una mente clara es un primer paso hacia la felicidad.

Estudiar la enseñanza y practicarla

El tercer voto es *Hommon muryo seigangaku*, «por numerosas que sean las enseñanzas me propongo estudiarlas todas». Y deberíamos añadir: y practicarlas todas, porque en el Zen, cuando se habla de estudio, se refiere a estudiar con el cuerpo y la mente, no solo con el intelecto, como se entiende en Occidente. Practicar la meditación zen es estudiarse a uno mismo, y estudiarse a uno mismo es olvidarse de sí mismo, decía el maestro Dogen. Y así es como debemos comprender el estudio.

Las enseñanzas a estudiar son tan innumerables como innumerables son los seres. Las enseñanzas parten de una pregunta formulada por una persona, y de la respuesta del Buda o de un maestro; por eso, son innumerables como los seres. Cada uno de los seres, cada una de las existencias es una enseñanza para nosotros. Compartir y convivir con ellas es estudiar estas enseñanzas.

En la práctica del Zen no hay en realidad ningún conocimiento, ninguna enseñanza esencial que se transmita de una persona a otra, de un maestro a un discípulo. Lo que se transmite es la certificación de estar viviendo la misma experiencia. Practicamos zazen juntos, en las mismas condiciones, de la misma manera. Y llega un momento que podemos decir que estamos viviendo la misma experiencia de la realidad. Sin que esa vivencia se haya en ningún momento transmitido.

Es por ese motivo que también estudiamos los textos del Buda, de los maestros antiguos y modernos, porque es una manera de confirmar que lo que estamos viviendo al practicar la meditación zen es la misma experiencia de Buda, la misma experiencia de Bodhidharma, la misma que vivió el maestro Dogen, la misma de los budas y maestros de todos los tiempos.

Realizar la Vía perfecta

El cuarto voto es *Butsu do mujo seiganjo*, que significa «hacer el propósito de realizar la Vía del despertar, por perfecta que sea». «Perfecta» significa que es completa, que no le sobra, ni le falta nada. No le sobra ni le falta nada porque no hay intención de obtener nada, ni de rechazar nada. Lo que la hace perfecta es justamente esta actitud.

Y el hecho de que la Vía sea perfecta no significa que nosotros debamos ser perfectos, ni que realizar la Vía sea convertirse en un ser perfecto. Siempre debemos tener presente que es la Vía la que es perfecta y completa. Nosotros, como seres humanos, tenemos nuestros límites y nuestras imperfecciones, que aceptamos amablemente, tratando siempre de hacer las cosas lo mejor posible. Realizar la Vía es ver la realidad tal como es, y eso significa vernos a nosotros tal como somos, con sinceridad y benevolencia.

La completitud de esta Vía se representa tradicionalmente por un trazo circular, sin principio ni fin. Siempre volver al presente, siempre volver a empezar, sin prejuicios, en cada situación, en cada circunstancia, en el día a día de nuestra vida.

15. Zen y vida cotidiana

Si un pez o un pájaro quisieran llegar a lo más profundo del océano, o a lo más elevado del cielo, no encontrarían ningún camino, ningún lugar donde ir. Porque ese camino no es otro que aquel en el que todos nuestros pasos expresan el despertar, porque ese lugar no es otro que aquel donde todas nuestras acciones expresan el despertar.

MAESTRO DOGEN

La mente de cada día es el Zen

En una ocasión, Joshu preguntó al maestro Nansen:

—¿Qué es el Zen?

Nansen dijo:

—La mente de cada día es el Zen.

Joshu preguntó:

—¿He de intentar dirigirme hacia el Zen?

Nansen le contestó:

—Si intentas dirigirte hacia el Zen, te alejarás de él.

Joshu dijo:

—Si no lo intento, ¿cómo sabré qué es el Zen?

Nansen dijo:

—El Zen no tiene nada que ver con saber o no saber. Saber es ilusión; no saber es la mente en blanco. Si realizas la Vía de no intentarlo será como una gran vacuidad, vasta y clara. ¿Cómo podríamos hablar en términos de verdadero o falso?

Joshu comprendió inmediatamente.

La respuesta de Nansen es una gran enseñanza: «La mente de cada día es el Zen». La mente de la meditación no es una mente especial, no es una mente diferente de la mente de cada día, sino que es esa misma mente.

Así, cuando después de meditar volvemos a nuestras actividades de la vida cotidiana, no se produce ninguna separación. No estamos desconectados del mundo, no estamos en otra onda, sino que estamos completamente aquí y ahora.

En otra ocasión, justo después de desayunar la sopa de arroz en el monasterio, un estudiante se acercó al maestro Nansen, y le preguntó:

—¿Qué es el Zen?

Nansen le preguntó a su vez:

—¿Has tomado ya el desayuno?

El estudiante respondió:

—Sí, ya lo he tomado.

Nansen añadió:

—Pues ve a lavar el cuenco.

El Zen es así. Está en cada gesto y en cada acción cotidiana. La meditación no es desconectarse del mundo, sino todo lo contrario: estar más conectados que nunca al mundo. Al mundo real. El desarrollo de la concentración serena, el *samadhi*, facilita que se instale la atención plena, el *mindfulness*. La misma atención que hemos entrenado durante zazen sobre el cuerpo y sobre la respiración continúa por inercia en nuestra mente. Una práctica regular y continuada de zazen hace que volver al momento presente del cuerpo y de la respiración sea algo natural, espontáneo, que se produce aun sin que intervenga nuestra voluntad.

Atención en el momento presente

En nuestra vida cotidiana podremos estar más presentes, más conscientes de todo lo que percibimos, y con el conocimiento de que la percepción es vacuidad, es decir que la percepción es relativa, que depende de nuestro enfoque, de nuestra perspectiva. Eso facilita que no nos apeguemos a opiniones y a puntos de vista, y que estemos siempre abiertos a ver las cosas de otra manera, desde otro ángulo.

La atención plena nos hace más conscientes de las emociones, las emociones se van sucediendo una tras otra, pero podemos dejarlas pasar, sin dejarnos secuestrar por la avidez, el odio, los celos o la envidia, manteniendo la mente clara para poder actuar con serenidad y justicia en todo momento. Conscientes también de nuestra vanidad y de nuestro orgullo, de nuestro apego a lo que pensamos, a lo que decimos, a la imagen ilusoria que tenemos de nosotros mismos.

Como dice el maestro Eno, *Hannya*, la sabiduría, es que el pensamiento de ahora esté libre de ignorancia. Aunque durante años hayamos tenido pensamientos de apego, si el pensamiento de ahora es un pensamiento libre de apego, eso es *Hannya*. Y aunque hayamos tenido durante años pensamientos libres de apego, si ahora tenemos un pensamiento de apego, *Hannya* se desvanece. Nuestra mente está despierta cuando el pensamiento de ahora está libre de ignorancia.

El hábito de la meditación

Esto significa que una práctica fuerte de zazen refuerza nuestra mente en los hábitos de la atención plena. Y podemos mantener esta atención en el momento presente, en las sensaciones, en las emociones, en los sentimientos, en los deseos, en los recuerdos, en la conciencia, sin tener que hacer un esfuerzo voluntario y constante. La atención plena se convierte en algo natural en nuestra mente.

Es algo en lo que insistimos mucho en los cursos de *mindfulness*. La atención plena en la vida cotidiana, sin la base de un fuerte hábito de meditación sentada, es muy difícil y fatigoso mantenerla. Si para mantener la atención plena solo disponemos de nuestro esfuerzo voluntario, entonces esta práctica se convierte en una actividad extra, otra cosa más en la agenda, que consume nuestras energías y que difícilmente podremos sostener en el tiempo, ya que acabará fatigándonos.

Todo lo contrario de lo que sucede cuando tenemos una base regular de meditación sentada. Con un mínimo esfuerzo, mantendremos la atención plena en la mayoría de actividades de nuestra vida, y todo cuanto hagamos estará imbuido de esa concentración serena, de esa amable compasión hacia todos los seres, y de esa profunda sabiduría de ver la verdadera naturaleza de las cosas.

Todo ello revierte en una gran energía creativa, que podremos emplear en las actividades que nosotros queramos, con un espíritu libre, sin prejuicios, ni apegos. Podemos decir que todo lo que hacemos es Zen: si escribimos, lo que escribimos es Zen; si pintamos, lo que pintamos es Zen; si hablamos, también es Zen, todo lo que hagamos es Zen. Es como una especie de encanto, de ángel, que impregna nuestra vida. Pero, como sucede en los cuentos de hadas, los encantos son perecederos. Si no continuamos con nuestra práctica regular de la meditación, el encanto se disipa rápidamente.

La Vía del Zen es volver continuamente a la fuente, al origen, más allá del espacio y del tiempo. No lo olvidemos, no caigamos en el frecuente error de pensar que ya estamos despiertos, que ya hemos alcanzado el nirvana, y que ya no necesitamos practicar la meditación. Para estar en comunión con el mundo, la misma idea de que ya lo hemos obtenido es una prueba de lo alejados que estamos. La Vía es un círculo infinito, sin principio ni fin.

Esto es lo que revela este extracto del *Genjo Koan* del maestro Dogen:

Los peces nadan en el agua, pero por lejos que naden, el agua no tiene límites, es infinita. Los pájaros vuelan en el cielo, pero por lejos que vuelen, el cielo no tiene límites, es infinito. Al mismo tiempo, ni los peces, ni los pájaros han dejado nunca el agua o el cielo. Simplemente, cuando su actividad es grande, su uso es grande; cuando su actividad es pequeña, su uso es pequeño. Al actuar de esta manera, utilizan cada aspecto al máximo, libremente.

Esta es una bella imagen para explicar la relación entre práctica y despertar; la práctica es como un pez que nada en el océano del despertar, por mucho que practiquemos, el despertar no tiene límites, no hay ningún lugar al que llegar, ningún lugar en el que quedarse. Todo lo que podemos decir es que, si la actividad de la práctica es grande, el despertar es grande, si la actividad de la práctica es pequeña, el despertar es pequeño.

No obstante, si un pez saliera del agua moriría, si un pájaro saliera del cielo moriría, tenemos que comprender que el agua es vida para el pez, que el cielo es vida para el pájaro, que los peces son vida, y los pájaros son vida. La vida es pez, la vida es pájaro, y así podríamos continuar infinitamente. Eso mismo sucede con la práctica y el despertar.

No hay práctica sin despertar, porque la práctica fuera del océano del despertar, se muere, se vuelve actividad ordinaria, y no hay despertar sin práctica, porque la práctica es la vida del despertar. Sin práctica, el despertar es un océano sin peces, sin vida, un océano muerto, una idea ordinaria.

No obstante, si un pez o un pájaro quisieran llegar a lo más profundo del océano, o a lo más elevado del cielo, no encontrarían ningún camino, ni lugar alguno al que ir. Porque ese camino no es otro que aquel en el que todos nuestros pasos expresan el despertar, porque este lugar no es otro que aquel donde todas nuestras acciones expresan el despertar. Este camino, este lugar, no es grande, ni pequeño, ni objetivo, ni subjetivo, ni se realiza antes, ni después, sino ahora mismo. Así es tal cual es.

Aunque queramos llegar al lugar más elevado del despertar, no encontraremos ningún camino, ningún lugar al que ir, porque ese camino, ese lugar, no es otro que la propia práctica en sí misma. La Vía está bajo nuestros pies, la Vía es la práctica aquí y ahora, y no es grande ni pequeña, porque es ilimitada, como el eterno presente.

16. Bibliografía

Bodhidharma, *Enseñanzas zen*, trad. Red Pine, Kairós, Barcelona, 2008.

Csikszentmihaly, Mihaly, *Fluir (flow). Una psicología de la felicidad*, Kairós, Barcelona, 2005.

Deshimaru, Taisen, *La pràctica del zen*, PAMSA, Barcelona, 2003.

—, *Preguntes a un mestre zen*, Pagès, Lleida, 2005.

—, *Autobiografia d'un monjo zen*, PAMSA, Barcelona, 2010.

Dogen, *Shobogenzo*, 3 vol., trad. Gudo Nishijima y Chodo Cross, Windbell, 1994.

—, *Shinji Shobogenzo. 301 Koan Stories*, trad. Gudo Nishijima, Windbell, 2003.

El Sutra del Corazón, Kairós, Barcelona, 2003.

Eno, *The Platform Sutra of the Sixth Patriarch*, trad. Philip B. Yampolsky, Columbia University Press, 1967.

Hirai, Tomio, *Meditación zen como terapia*, Ibis, Barcelona, 1994.

KABAT-ZINN, Jon, *Vivir con plenitud las crisis*, Kairós, Barcelona, 2012.

KAPLEAU, Philip, *Los tres pilares del zen*, Gaia, Madrid, 1994.

LOW, Albert, *Introducción a la práctica del zen*, Kairós, Barcelona, 1994.

MASLOW, Abraham, *Religiones, valores y experiencias cumbre*, La Llave, Barcelona, 2013.

NIKAYA, Majjhima, *Teachings of the Buddha: The Middle Lenght Discourses of the Buddha*, trad. Bikkhu Nanamoli y Bhikkhu Bodhi, Wisdom Publications, Boston, 1995.

—, *Los sermones medios del Buddha*, Kairós, Barcelona, 1999.

PINE, Red [ed. y trad.], *The Diamond Sutra*, Counterpoint, Nueva York, 2001.

RIZZOLATTI, Giacomo; SINIGAGLIA, Corrado, *Las neuronas espejo: los mecanismos de la empatía emocional*, Paidós, Barcelona, 2006.

RYOKAN, Daigu, *Gota de rosada en una fulla de Lotus*, Pagès, Lleida, 2001.

SALAS, Lluís Nansen, *Ensenyances a Lluçà I*, Dojo Zen Barcelona Kannon, Barcelona, 2016.

SUZUKI, Shunryu, *Ment zen, ment de principiant*, Pagès, Lleida, 2011.

La primera edición de
MEDITACIÓN ZEN,
de Lluís Nansen Salas,
se acabó de imprimir
a finales de la primavera del
2017